Gerenciamento de aquisições em projetos

PUBLICAÇÕES
FGV Management

GERENCIAMENTO DE PROJETOS

Gerenciamento de aquisições em projetos

Carlos Magno da Silva Xavier
Deana Weikersheimer
José Genaro Linhares Júnior
Lúcio José Diniz

4ª EDIÇÃO

FGV
EDITORA
EDUCAÇÃO
EXECUTIVA

Direitos desta edição reservados à
EDITORA FGV
Rua Jornalista Orlando Dantas, 37
22231-010 | Rio de Janeiro, RJ | Brasil
Tels.: 0800-021-7777 | 21-3799-4427
Fax: 21-3799-4430
editora@fgv.br | pedidoseditora@fgv.br
www.fgv.br/editora

Impresso no Brasil / *Printed in Brazil*

1ª edição – 2006; 2ª edição – 2010; 3ª edição – 2013; 4ª edição – 2018

PREPARAÇÃO DE ORIGINAIS: Sandra Frank
EDITORAÇÃO ELETRÔNICA: Abreu's System
REVISÃO: Aleidis de Beltran | Fatima Caroni
CAPA: aspecto:design

Ficha catalográfica elaborada pela
Biblioteca Mario Henrique Simonsen/FGV

Xavier, Carlos Magno da Silva
Gerenciamento de aquisições em projetos / Carlos Magno da Silva Xavier... [et al.]. – 4. ed. – Rio de Janeiro : FGV Editora, 2018.
184 p.

Em colaboração com Deana Weikersheimer, José Genaro Linhares Júnior, Lúcio José Diniz.
Publicações FGV Management.
Área: Gerenciamento de projetos.
Inclui bibliografia.
ISBN: 978-85-225-2091-6

1. Administração de projetos. 2. Projetos. I. Weikersheimer, Deana. II. Linhares, José Genaro. III. Diniz, Lúcio José. IV. FGV Management. V. Fundação Getulio Vargas. VI. Título.

CDD – 658.404

Aos nossos alunos e aos nossos colegas docentes,
que nos levam a pensar e repensar nossas práticas.

Sumário

Apresentação

Este livro compõe as Publicações FGV Management, programa de educação continuada da Fundação Getulio Vargas (FGV).

A FGV é uma instituição de direito privado, com mais de meio século de existência, gerando conhecimento por meio da pesquisa, transmitindo informações e formando habilidades por meio da educação, prestando assistência técnica às organizações e contribuindo para um Brasil sustentável e competitivo no cenário internacional.

A estrutura acadêmica da FGV é composta por escolas e institutos, todos com a marca FGV, trabalhando com a mesma filosofia: gerar e disseminar o conhecimento pelo país. Dentro de suas áreas específicas de conhecimento, cada escola é responsável pela criação e elaboração dos cursos oferecidos pela FGV Educação Executiva, criada em 2003 com o objetivo de coordenar e gerenciar uma rede de distribuição única para os produtos e serviços educacionais da FGV.

Este livro representa mais um esforço da FGV em socializar seu aprendizado e suas conquistas. Foi escrito por professores da FGV, profissionais de reconhecida competência acadêmica e prática, o que torna possível atender às demandas do mercado, tendo como suporte sólida fundamentação teórica.

A FGV espera, com mais essa iniciativa, oferecer a estudantes, gestores, técnicos e a todos aqueles que têm internalizado o conceito de educação continuada, tão relevante na era do conhecimento na qual se vive, insumos que, agregados às suas práticas, possam contribuir para sua especialização, atualização e aperfeiçoamento.

Rubens Mario Alberto Wachholz
Diretor da FGV Educação Executiva

Sylvia Constant Vergara
Coordenadora das Publicações FGV Management

Introdução

Vivemos em um mundo cada vez mais globalizado e competitivo, o que tem levado as organizações a um permanente estado de *mudança*. Em razão da necessidade de essas organizações serem eficientes e eficazes na implementação das mudanças impostas pelo mercado, várias delas vêm passando por modificações nos seus processos organizacionais em direção a uma orientação por projetos. Torna-se evidente a necessidade de serem estabelecidas metodologias que conduzam ao sucesso ou que, pelo menos, aumentem a probabilidade de atingir o sucesso em suas iniciativas. Por isso, temos presenciado nos últimos anos, especialmente no Brasil, uma busca incessante pela utilização das melhores práticas de gerenciamento de projetos.

Essa procura tem sido incentivada e facilitada por várias instituições nacionais e internacionais, entre elas o Project Management Institute (PMI), referência mundial em gerenciamento de projetos.

Uma das grandes contribuições do PMI para a divulgação das boas práticas de gerenciamento de projetos foi a publicação de um documento denominado *A guide to the project management body of knowledge* – PMBOK®, que define que o gerenciamento de aquisições do projeto inclui os processos necessários para comprar ou adquirir os produtos, serviços ou resultados externos à equipe do projeto (PMI, 2017).

Quanto à definição apresentada, ressaltamos dois pontos: a possibilidade de contratação de resultados e a contratação fora da equipe do projeto.

Vejamos o primeiro ponto. Muitas vezes, deparamo-nos com a seguinte frase dita no mercado: "O cliente não sabe o que quer". Na realidade, ele sabe que tem uma necessidade ou um problema que precisa ser resolvido. O que ocorre, em muitos casos, é que ele não sabe qual caminho trilhar para obter a solução do problema. Como consequência, em vez de o cliente buscar um resultado para o assunto pendente, ele vai ao mercado para adquirir um produto ou um serviço específico imaginando que, dessa forma, alcançará seus objetivos.

Durante o fornecimento do produto ou do serviço contratado, eventualmente o cliente percebe que esse fornecimento não será suficiente para o atendimento dos fins propostos. Assim, ele acaba por solicitar mudanças em relação ao seu pedido inicial, deixando a sensação de não saber o que quer. Dessa forma, ao contratar um produto ou serviço, e não um resultado, o cliente traz para si o risco da especificação da solução de seu problema, principalmente não sendo ele um especialista no assunto. Por exemplo: um empresário, tentando melhorar seu ambiente de trabalho, decide climatizar uma das salas da sede de sua empresa. Para tanto, contrata o fornecimento e a instalação de um equipamento de refrigeração com base na especificação por ele preparada. A empresa contratada fornece e instala exatamente o que o empresário especificou e recebe o pagamento correspondente. Com o tempo, o empresário verifica que a sala não alcança a temperatura ideal. Quem é o responsável por esse resultado insatisfatório?

Muito comum também, em qualquer segmento da economia, é o cliente consultar um ou mais especialistas para obter possíveis soluções para seu problema. O documento a ser utilizado nessa situação é o pedido de informação (*request for information* – RFI).

Mesmo assim, o cliente continua com o risco de a solução escolhida não atender a sua necessidade. Nesse caso, a quem deve ser imputada a responsabilidade pelo insucesso e pelos gastos havidos? Imagine o exemplo de uma empresa que vai ao mercado procurar um fornecedor de serviços especializado em segurança do trabalho, com a finalidade de diminuir os índices de acidente de trabalho ali existentes. Qual a melhor maneira de se relacionar comercialmente com o eventual contratado? Cabe à empresa especificar o que deve ser feito ou simplesmente apresentar seu problema e condicionar o pagamento aos resultados efetivamente alcançados?

Muitas vezes, é apresentada a seguinte justificativa para que o cliente vá ao mercado com uma especificação mais detalhada: "Como vou comparar propostas, se cada proponente apresenta uma solução diferente?". Essa justificativa não pode ser a razão de um detalhamento. Afinal de contas, o propósito em um projeto consiste em ter sucesso ou em comparar propostas?

De qualquer maneira, não é costume no mercado a contratação de resultados. Uma das razões é que, como o fornecedor está com o risco do alcance ou não do resultado, ele acaba incorporando esse risco a seu preço, ficando mais cara a contratação. Surge, porém, a indagação: será que é melhor o cliente pagar mais barato e não resolver o problema?

Entretanto, mesmo que o cliente decida contratar um resultado, ele deve combinar, em contrato com o fornecedor, o escopo a ser fornecido, de forma a diminuir o risco daí decorrente. Exemplificando: será que é pertinente – técnica e financeiramente – um fornecedor de serviços de segurança empresarial, que venha a ser contratado para diminuir a incidência de acidentes de trabalho em uma fábrica, estabelecer como solução o treinamento do pessoal da contratante em segurança do trabalho durante oito horas por dia ou, ainda, sugerir o fechamento da empresa durante três dias na semana?

É por isso que, mesmo contratando resultado, o contratante deve aprovar o escopo do projeto que o fornecedor irá executar. Por mais que o risco do resultado seja parcialmente transferido para o fornecedor, o cliente não deve ser surpreendido pela forma como o resultado será obtido.

Passemos ao segundo ponto: a contratação fora da equipe do projeto.

O fornecedor contratado pode ser interno, ou seja, estar dentro da organização executora do projeto, ainda que não faça parte da equipe responsável por sua realização. A maioria das organizações trabalha, atualmente, de forma matricial, o que torna relevante a dependência interna entre as áreas. Além disso, várias empresas trabalham com o conceito de centros de custo para poder saber o custo real de cada projeto, área etc. Ter um fornecedor interno implica que também sejam formalizadas as contratações com áreas da própria empresa, devendo ficar claras as responsabilidades das partes por meio de um acordo.

O gerenciamento de aquisições possui uma interdependência com todas as outras áreas de conhecimento do gerenciamento de projetos, conforme representado na figura 1. Por exemplo: em um projeto de construção de uma termelétrica, na estrutura analítica do projeto (escopo) estará representada a necessidade de aquisição das turbinas. Esse processo de aquisição deve ser realizado em um prazo que atenda ao cronograma da obra e dentro do orçamento (custo) estabelecido. Será necessária a definição de critérios de seleção adequados para diminuir a probabilidade e/ou o impacto (risco) de o fornecedor não cumprir as exigências do contrato. As turbinas devem atender aos critérios rígidos de especificação (qualidade), devendo o fornecedor respeitar o efetivo necessário para instalação da turbina, respeitando o histograma de recursos e limites de mão de obra mobilizados na termelétrica (recursos humanos) e informar periodicamente o andamento da fabricação (comunicação) aos envolvidos com o projeto (*stakeholders*).

A colocação do gerenciamento de aquisições no centro da figura 1 não deve ser interpretada como se esta fosse a área mais importante do gerenciamento de projetos. O objetivo é simplesmente mostrar a interação com todas as demais áreas, devendo a equipe do projeto estar atenta para que não haja inconsistências nos documentos de planejamento, que poderão resultar num fornecimento equivocado, o qual impactará ou inviabilizará a solução imaginada.

Figura 1

As interfaces do gerenciamento de aquisições com outras áreas

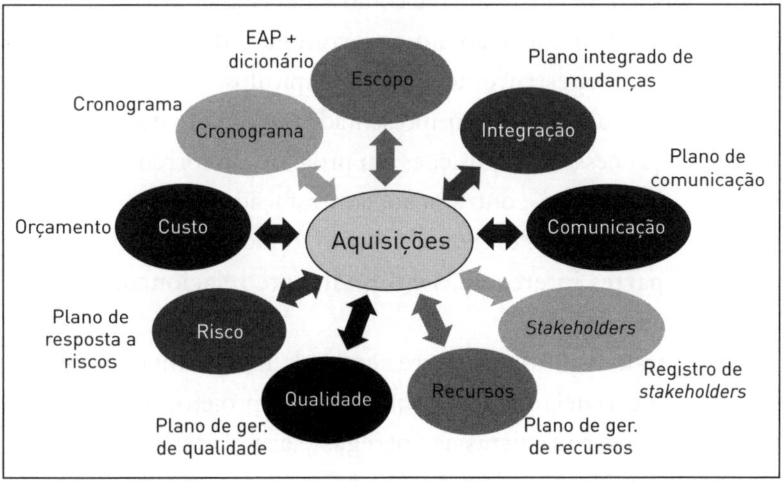

Vale ressaltar que várias organizações têm implementado programas de *compliance* no Brasil, a partir de 2014, sobretudo depois que a Lei nº 12.846/2013 entrou em vigor. A legislação responsabiliza e passa a permitir a punição de empresas envolvidas em atos de corrupção contra a administração pública nacional ou estrangeira. Estabelece ainda o conceito de "responsabilidade solidária", podendo penalizar a contratante por qualquer ação irregular de funcionários e terceiros que possam beneficiá-la de alguma forma. Por isso, a avaliação de riscos na hora de estabelecer contratos vem merecendo atenção especial.

Cumpre ressaltar a importância, nos projetos e nos processos da organização, de resguardar os *stakeholders* de eventuais usos irresponsáveis, e até danosos, envolvendo seus dados pessoais. Releva registrar que o Marco Civil da Internet discorre sobre o assunto, ainda que de maneira genérica e sem trazer à luz uma regulamentação para o cenário.

O objetivo deste livro é mostrar como se dá o gerenciamento das aquisições em um projeto, o que passa pela decisão de o que e quanto será adquirido, quando e como serão efetuadas as aquisições, incluindo a administração e o encerramento de contratos. Para tanto, a obra está estruturada em seis capítulos.

No primeiro capítulo, são apresentados o conceito e a contextualização do processo de aquisições em projetos, discorrendo-se sobre suas três etapas (pré-contratação, contratação e pós-contratação) e sobre a necessidade do envolvimento, o mais rapidamente possível, das partes interessadas e diretamente relacionadas com as aquisições no projeto.

O segundo capítulo discorre acerca da importância do planejamento do gerenciamento de aquisições no projeto, apresentando como devem ser previstas as entregas e atividades necessárias a esse processo, desde a decisão de adquirir até o encerramento do contrato, com os reflexos decorrentes no cronograma e no orçamento. O capítulo mostra, ainda, o que é necessário ser adquirido em projetos, como é tomada a decisão de adquirir, os riscos nas aquisições, como é elaborada a especificação do que será contratado e o documento de solicitação de propostas.

O terceiro capítulo é dedicado ao instrumento contratual, sendo apresentadas as premissas essenciais relacionadas aos direitos e obrigações das partes, a natureza jurídica do contrato, os tipos e modalidades de contrato e suas cláusulas e condições.

O quarto capítulo trata da condução das aquisições, com a seleção de fornecedores, desde a divulgação e convocação para a obtenção de propostas até a negociação do contrato, incluindo também a classificação das propostas e a assinatura do contrato.

O quinto capítulo aborda os mecanismos gerenciais para a administração (controle) das aquisições, com ênfase no processo de gerenciamento e na administração de reivindicações (*claims*), incluindo ainda o entendimento sobre a possibilidade de aditamento ao contrato para acomodar possíveis mudanças e restabelecer eventuais direitos prejudicados.

O sexto e último capítulo apresenta as melhores práticas para o processo de encerramento das aquisições e suas consequências, especialmente no que diz respeito a garantias que possam ultrapassar o prazo do contrato.

1 O processo de gerenciamento de aquisições em projetos

Aquisições, de forma geral, significam a contratação de materiais, produtos e/ou serviços necessários para que os projetos e processos de uma organização sejam executados.

As aquisições em ambientes de processos nas organizações, apesar de sua importância e, sobretudo, de seus possíveis impactos orçamentários, têm a especificação, de maneira geral, mais simplificada por tratar-se de compras de bens e/ou serviços para operações recorrentes (rotineiras).

No caso de aquisições em projetos (situações nas quais se deve gerar um produto singular durante um intervalo de tempo definido), essas podem implicar maior complexidade de especificações e, portanto, de condução dos processos de aquisições, face ao caráter singular de que se revestem os produtos constantes do escopo de projetos.

Segundo o Guia PMBOK® (PMI, 2017), o gerenciamento das aquisições em um projeto implica a necessidade de utilização de processos de planejamento, de condução e de controle de aquisições.

Neste capítulo será apresentada uma visão geral do gerenciamento de aquisições em projetos, considerando as formas de aquisição, as decisões de aquisição, a natureza das empresas envolvidas em aquisições em projetos e os processos a serem utilizados, segundo uma abordagem de gestão profissional. Um detalhamento maior dos processos relativos ao gerenciamento de aquisições pela ótica do cliente será o objeto dos próximos capítulos.

Contextualização

No contexto do gerenciamento de projetos, contratos constituem instrumentos que permitem, do ponto de vista legal, concretizar um acordo entre cliente e fornecedor. Mais do que a formalização em si de instrumentos contratuais, o objetivo do gerenciamento de aquisições é propiciar a construção e a manutenção de relações comerciais sólidas e equilibradas entre cliente e fornecedor, de forma que o projeto possa ser finalizado a contento.

Em algumas situações, o escopo da aquisição encontra-se bem definido, com o processo de aquisição implicando basicamente a identificação/desenvolvimento de fornecedores e a cotação dos produtos e serviços a adquirir, efetivando-se a compra por meio de fornecedores que apresentem a proposta comercial mais atrativa.

Por outro lado, existem várias situações de aquisições em projetos nas quais o produto ou serviço a ser adquirido não é padronizado e cuja especificação precisa ser "desenhada", ou seja, é necessário um detalhamento das especificações do produto ou serviço a ser entregue pelo fornecedor, por exemplo, a contratação da construção de uma fábrica. Nesses casos, o que se está adquirindo é um "projeto dentro do projeto".

Neste livro, o enfoque de aquisições será dado para os casos em que o processo de aquisição necessita ser mais elaborado e complexo. Vale ressaltar a importância de adaptação das práticas aqui propostas para cada caso específico, pois é impossível termos uma "receita de bolo" a ser seguida em qualquer processo de contratação.

A decisão de contratar ou não parte ou todo o escopo de um projeto é conhecida como decisão *make-or-buy*, sendo *buy* a decisão relativa às aquisições. Essa decisão é tomada após a análise feita pelos responsáveis pela gestão do projeto, após detalhado o escopo do mesmo. Assim, uma vez detalhado o escopo e identificados os pacotes de trabalho componentes da estrutura analítica do projeto (EAP), deve-se fazer uma avaliação visando definir se haverá a necessidade, ou não, de aquisições de bens ou serviços por meio de fornecedores especializados. As aquisições podem ocorrer em diferentes momentos do ciclo de vida do projeto.

Caso a equipe do projeto decida pela execução, pela própria organização, de todos os produtos e serviços constantes do escopo, não haverá, naturalmente, aquisições no projeto. Por outro lado, pode acontecer de a equipe do projeto decidir contratar com terceiros todos os pacotes de trabalho constantes do escopo. Nesses casos, pela ótica do cliente, a gestão de projetos constitui-se, em essência, na gestão de diferentes contratos junto aos diferentes fornecedores ao longo do ciclo do projeto.

O PMBOK® (PMI, 2017) aborda o gerenciamento de aquisições em projetos com maior enfoque na perspectiva do cliente. Contratos satisfazem as condições e critérios necessários para serem considerados projetos, ou seja:

- têm objetivos definidos;
- envolvem a coordenação de atividades inter-relacionadas;
- têm uma duração finita, isto é, um princípio e um fim;
- são únicos, ou seja, um é diferente do outro.

É importante ressaltar que o Código Civil Brasileiro de 2002 (CCB) definiu contrato como "um acordo de vontade entre as partes, pactuado dentro dos limites ali estabelecidos". Ao assinar um contrato, as partes assumem o risco contido dentro do negócio jurídico, sendo que sua validade depende dos pressupostos relacionados a partes capazes, objeto lícito e liberdade de contratação, sem coação.

Quando o cliente decide adquirir, ele elabora uma solicitação de cotação ou de proposta, no caso de empresa privada, e um documento de licitação, no caso de empresa pública, documento que será enviado aos potenciais fornecedores. São estabelecidos também os critérios para a avaliação das propostas que serão recebidas e, eventualmente, incluída a minuta do instrumento contratual, os quais serão vistos no capítulo 2.

Como parte integrante do planejamento das aquisições, abordagens específicas à ambiência do projeto devem ser consideradas. Por exemplo:

- avaliação do momento econômico-financeiro do país, destacando-se a possibilidade de volatilidades da política econômica, assim como a possibilidade de variação cambial;
- gestão de interfaces que acompanhem as políticas e normas reguladoras de mercado, estabelecidas pelos governos federal, estadual ou municipal, tais como a exigência de conteúdo local ou mesmo políticas alfandegárias, no caso de importações.

É de grande importância, nesse processo, que os clientes façam uma comunicação clara de suas necessidades e dos critérios a serem empregados no processo de seleção do fornecedor. Tal aspecto representa fator crítico de sucesso para a obtenção de propostas técnico-comerciais competitivas, consistentes e coerentes com as necessidades do cliente. Uma vez concluída a preparação do documento de licitação ou da solicitação de proposta ou cotação, o cliente envia o documento gerado aos potenciais fornecedores e aguarda o recebimento das respectivas respostas.

Atualmente, empresas têm utilizado o mecanismo de comércio eletrônico de forma a otimizar seus processos de aquisições. Para tanto, são empregados portais corporativos visando à negociação de produtos e serviços entre empresas, entre os quais destacam-se os portais denominados B2B (*business-to-business*) ou *e-procurement*, que integram as áreas de compras dos clientes com os fornecedores. Por meio do *e-procurement*, os processos de seleção e aprovação pelos clientes podem ser automatizados via internet.

Entre as vantagens decorrentes da utilização de portais de compras pelas empresas, destacam-se:

- redução dos custos dos processos de aquisições realizados com o suporte da internet;
- rapidez na realização dos processos de aquisições;
- agilização da integração dos clientes com os fornecedores.

Nos casos de aquisições conduzidas pela administração pública no Brasil, os processos inerentes ao gerenciamento de aquisições em projetos devem observar o disposto na Lei nº 8.666 (Lei de Licitações e Contratos), de 21 de junho de 1993, que estabelece as regras a serem observadas no processo de escolha e de contratação de bens e serviços pelos administradores públicos, bem como suas alterações ulteriores, e na Lei nº 13.303, de 30 de junho de 2016, que dispõe sobre o estatuto jurídico da empresa pública, da sociedade de economia mista e de suas subsidiárias, no âmbito da União, dos estados, do Distrito Federal e dos municípios. Essa norma legal passou a disciplinar a realização de licitações e contratos no âmbito das empresas públicas e sociedades de economia mista, independentemente da natureza das atividades desempenhadas, substituindo o disposto na Lei nº 8.666/1993, sendo que esta última ainda é aplicável em casos expressamente previstos na lei em comento, tais como normas penais e critérios de desempate.

Segundo a Lei nº 8.666/1993, constituem modalidades de licitação, dependendo da característica do fornecimento a ser licitado e do valor atribuído ao mesmo:

- concorrência;
- tomada de preços;
- convite;
- concurso;
- leilão.

O Decreto nº 3.555/2000 aprovou o regulamento que dispõe sobre a modalidade de licitação denominada pregão para a aquisição de bens e serviços comuns no âmbito da administração pública federal, estadual e municipal. Dado o sucesso na sua aplicação em face da rapidez e redução dos custos, foi promulgada a Lei nº 10.520/2002 (Lei do Pregão), que estendeu a aplicabilidade do pregão aos estados, ao Distrito Federal e aos municípios. O Decreto nº 5.450/2005 regulamentou a lei em questão, dando preferência à utilização do pregão pela via eletrônica, independentemente do valor envolvido. Todavia, por ser essa lei bem resumida, os aspectos ligados às formalidades da licitação devem observar, de forma subsidiária, as normas gerais definidas na Lei nº 8.666/1993.

Ressalte-se que a Lei nº 13.303/2016 deu preferência à utilização da modalidade de pregão para aquisição de bens e serviços.

O documento de licitação contém as informações relacionadas ao objeto da contratação, o detalhamento das especificações, bem como os documentos a serem utilizados no processo de seleção e no contrato com a empresa vencedora. Para as aquisições feitas pela administração pública, ressalta-se a necessidade de publicidade, de forma que fique assegurado o nivelamento de informações e o entendimento das necessidades do cliente por parte de todos os interessados no fornecimento de bens ou serviços, considerando as regras legais impostas ao segmento, ou seja, leis específicas estabelecidas para regular determinado setor da economia.

Gestão de aquisições e gestão de fornecimentos

Conforme comentado, a aquisição de um pacote de trabalho implica frequentemente a definição de um "projeto dentro do projeto". Isso significa que o fornecedor será responsável pela gestão de um projeto cujo produto final será o pacote de trabalho que foi dele contratado.

Dessa forma, em aquisições em projetos, o fornecedor pode ser responsável por gerir um projeto, considerando-se todas as áreas de conhecimento inerentes ao mesmo, com foco, sobretudo, em escopo, tempo, custo e qualidade. Naturalmente, riscos existem nos processos de aquisições em projetos, os quais devem ser geridos segundo as óticas do cliente e do fornecedor.

Para formalização do processo de aquisição, celebra-se um contrato entre as partes, por meio do qual o fornecedor assume a responsabilidade de entregar ao cliente o que foi solicitado e aceito na sua proposta, enquanto o cliente responsabiliza-se pelo controle das entregas e pelos respectivos pagamentos ao fornecedor.

Contratos como instrumentos de gestão de riscos

Nas aquisições em projetos existem situações em que a relação entre cliente e fornecedor é única e, portanto, existe um único contrato, analisado, negociado e assinado por ambas as partes. É possível que um fornecedor, ao assumir a responsabilidade de entregar um ou vários pacotes de trabalho para um determinado cliente, venha a contratar outros fornecedores para a execução de partes do escopo originalmente contratado. Tal condição deve estar prevista e autorizada no contrato original.

Para a contratação, o cliente analisa as condições constantes das propostas recebidas dos potenciais fornecedores para definir aquele que ofertou a melhor delas e que estará habilitado a firmar o pertinente instrumento contratual, oportunidade em que se dará o início da contratação. Nessa condição será verificada a capacidade do fornecedor de conduzir o escopo a ser contratado, tendo como base os critérios técnico-comerciais estabelecidos nos documentos de contratação, bem como os aspectos legais atinentes ao contrato. Por outro lado, os fornecedores que venham a ser escolhidos pelo cliente devem se certificar de que os contratos que serão assinados estejam compatíveis com suas propostas e que atingirão os correspondentes resultados esperados.

Para as aquisições realizadas pela administração pública, a Lei nº 8.666/1993, que rege as licitações e contratos, define os seguintes tipos de licitação:

- *Menor preço.* Quando o critério de seleção da proposta mais vantajosa para a administração determinar que será vencedor o licitante que apresentar a proposta de acordo com as especificações do documento de licitação (ou convite) e ofertar o menor preço (art. 45, § 1º, I).
- *Melhor técnica.* Quando se baseia no exame de outros aspectos que não os de natureza econômica, como aspectos metodológicos, científicos e tecnológicos. Implica procedimentos mais complexos do que nas licitações de menor preço. Por exemplo, examinam-se os requisitos técnicos, pontuando para selecionar a proposta de melhor qualidade.
- *Melhor técnica e melhor preço.* Quando se conjuga o critério técnico com o de preço. Procedimento inicial similar ao da licitação de melhor técnica quanto à atribuição de notas técnicas e desclassificação dos licitantes que não atendam às exigências mínimas. Para a classificação dos proponentes, deve ser estabelecido um modelo que apresente, de forma numérica, a avaliação de cada proposta. No capítulo 2 será apresentado um exemplo.

- *Maior lance ou oferta*. Nos casos de alienação de bens ou concessão de direito real de uso.
- *Menor lance ou oferta*. Nos casos do pregão.

Assim, quando as aquisições em projetos são feitas tendo a administração pública como cliente, não há espaço para negociação de cláusulas após abertas as propostas dos participantes do certame.

A partir de 2011, foi introduzido um novo modelo de licitação, denominado "regime diferenciado de contratações públicas" (RDC), instituído pela Lei nº 12.462/2011. Suas regras simplificadas dirigiram-se, inicialmente, às contratações de bens e serviços para a Copa das Confederações (2013), a Copa do Mundo (2014) e os Jogos Olímpicos (2016). Algumas regras ali contidas são aplicadas a outros tipos de contratação.

Diferentemente do pregão, o RDC prevê algumas novidades, como:

- permissão de contratação integrada, possibilitando o desenvolvimento e a elaboração dos projetos básico e executivo, a execução de obras e serviços de engenharia, a montagem e realização de testes, a pré-operação e todas as demais operações necessárias e suficientes para a entrega final do objeto licitado;
- não vedação de que o fornecedor do projeto básico elabore o projeto executivo;
- manutenção do sigilo do orçamento até o final da licitação, exceção feita aos órgãos de controle, garantindo tratamento isonômico entre os licitantes;
- indicação da marca ou modelo do bem a ser adquirido, desde que formalmente justificado, nas hipóteses que arrola, podendo haver a exigência de amostra do bem já na fase de pré-qualificação, na fase de julgamento ou de lances;

- emissão de carta de solidariedade pelo fabricante que assegure a execução do contrato no caso de o licitante ser somente revendedor ou distribuidor;
- as fases da licitação são: (a) preparatória; (b) publicação do instrumento convocatório; (c) apresentação de propostas ou lances; (d) julgamento; (e) habilitação; (f) recursal; (g) encerramento, sendo que somente aquele participante que apresentar a melhor proposta é que terá a documentação de habilitação exigida analisada no certame, o que traz maior celeridade;
- os critérios de julgamento são: menor preço ou maior desconto; técnica e preço; melhor técnica ou conteúdo artístico; maior oferta de preço; e maior retorno econômico.

Ressalta-se que, nas relações entre cliente e fornecedor inerentes às aquisições em projetos, os contratos constituem instrumentos para gestão de riscos, seja da parte do cliente, seja da parte do fornecedor.

Empresas que adquirem e empresas que fornecem

De maneira geral, empresas cujo negócio se caracteriza como rotina (processos) atuam como *clientes nas aquisições* em projetos, ou seja, tais empresas tendem a contratar parte ou o todo de um projeto como forma de viabilizar negócios futuros. As empresas cujo negócio se caracteriza como entrega de projetos geralmente atuam como *fornecedores nos processos de aquisições.*

Suponhamos, por exemplo, que uma empresa mineradora, cujo negócio básico consiste na extração e venda de minério para seus clientes, decida pela implantação de uma nova jazida de minério de ferro. Observe-se que, nesse caso, o negócio básico da mineradora está diretamente relacionado à geração de resultados mediante processos (rotina inerente à extração, beneficiamento, transporte e entrega de minério para seus clientes).

Digamos que a empresa mineradora contrate uma empresa construtora, especializada na execução de projetos de mineração. O objetivo da empresa mineradora com a execução do projeto de uma "nova mina" consiste na continuidade do seu negócio, quando a mina estiver pronta para operação e, portanto, o projeto tiver sido concluído. No exemplo indicado na figura 2, as operações da mina ocorrerão após a conclusão do projeto e, portanto, depois de concluído o investimento por parte da mineradora.

Figura 2

Projeto como investimento/negócio

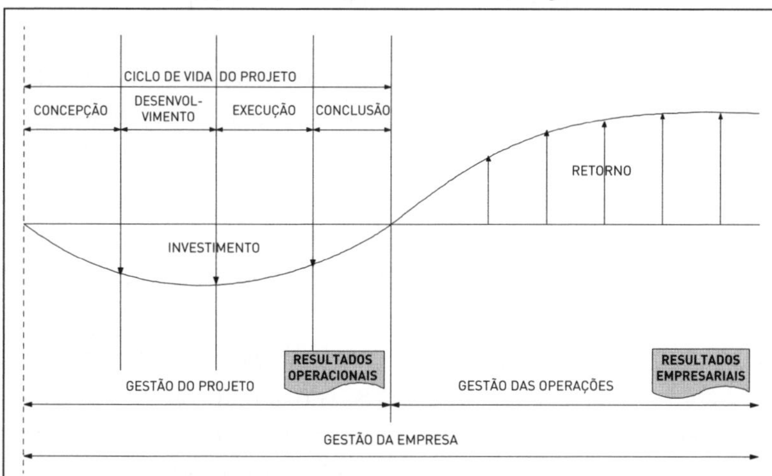

Assim, para a empresa mineradora que contrata a construção da mina, o retorno sobre o investimento do projeto só se dará a partir do momento em que a mina estiver concluída e pronta para operação. Portanto, a empresa contratante só terá possibilidade de obter resultados econômico-financeiros *após* a conclusão do projeto.

Considere agora a situação da empresa construtora, contratada para executar o projeto de implantação da nova mina. O negócio dessa empresa é, em essência, a execução de projetos, ou seja, essa empresa sobrevive com a execução de projetos contratados por seus clientes.

Desta forma, a empresa construtora, que fará o papel de fornecedora na construção da mina, poderá obter resultados econômico-financeiros *durante* a execução do projeto. Nesse exemplo, a construtora obtém resultados empresariais *durante* a execução do projeto, ao passo que a empresa mineradora obtém resultados empresariais *após* o término do projeto.

Objetivos das empresas nas aquisições em projetos

Levando em conta as naturezas das empresas anteriormente analisadas, verificamos que, *em aquisições*, a empresa contratante (cliente) e a empresa contratada (fornecedor) têm objetivos distintos durante o ciclo de vida do projeto.

A empresa contratante (*process-driven*) ou cliente tem como objetivos principais, durante o ciclo de vida do projeto, a obtenção de resultados para o negócio, tendo como meio para alcançá-lo o *escopo* contratado, com *qualidade*, dentro do *prazo* e em conformidade com o *orçamento*. Muitas vezes os resultados para o negócio só começam a ocorrer após a conclusão do projeto.

Por outro lado, a empresa contratada (*project-driven*) tem como objetivo principal a obtenção de resultados econômico-financeiros (*lucro* e *caixa*) durante o projeto. Estas empresas buscam também, durante o projeto, a obtenção de resultados de mercado/imagem, capital humano, tecnologia e desenvolvimento socioeconômico-ambiental.

Processos necessários às aquisições em projetos

A gestão profissional de projetos pressupõe o emprego de metodologias estruturadas para administração das diferentes áreas de conhecimento da gestão de projetos. Como tal, a gestão de aquisições deve ser administrada, segundo o PMBOK® (PMI, 2017), mediante três processos: planejar as aquisições, conduzir as aquisições e controlar as aquisições. Assim, todas as aquisições que se fizerem necessárias em um determinado projeto deverão ser gerenciadas empregando-se os três processos acima.

Planejar as aquisições

O processo de *planejar as aquisições* tem como produtos básicos: decisões *make-or-buy*, definições e documentos necessários às aquisições e um plano para gestão das aquisições no projeto em questão.

As decisões *make-or-buy* constituem um primeiro passo para os processos de gestão de aquisições. Tendo como base a estrutura analítica do projeto (EAP), a equipe decide quais serão os produtos e serviços (pacotes de trabalho) do escopo do projeto que serão objeto de aquisições. Uma vez definidos quais pacotes de trabalho deverão ser adquiridos, procede-se ao detalhamento das definições específicas e elaboração dos documentos necessários a cada uma das aquisições a serem feitas.

Entre as definições específicas referentes ao planejamento das aquisições, ressaltam-se as especificações a elas relativas, necessárias para a elaboração de propostas pelos fornecedores. Além disso, devem ser definidos os pré-requisitos para seleção de fornecedores e critérios para análise de propostas apresentadas. As definições relativas à gestão das aquisições que serão executadas durante os processos de condução e controle constituem as bases para a elaboração do plano para a gestão das aquisições.

Entre os documentos gerados durante o processo de planejamento das aquisições, destacam-se: as especificações (*statement of work* – SOW); os atestados de capacidade técnica a serem apresentados pelos potenciais fornecedores; os critérios para seleção dos fornecedores; e a minuta do contrato a ser empregado quando da execução dos trabalhos pelos fornecedores.

Conduzir as aquisições

Uma vez definidos os pacotes de trabalho a contratar, bem como detalhados os documentos necessários às aquisições, passa-se à condução das aquisições. Nesse processo, são estabelecidos os tipos de solicitação a serem utilizados, entre os quais destacam-se: *request for information* (RFI), *request for quotation* (RFQ) e *request for proposal* (RFP), além de documentos de licitação, quando se tratar de aquisições pela administração pública. Tais tipos de solicitação serão objeto de detalhamento no capítulo 4.

Nos projetos conduzidos por entidades privadas, a solicitação de propostas pode restringir-se a fornecedores previamente definidos pela entidade ou empresa responsável pelas aquisições. Por outro lado, nas aquisições conduzidas por órgãos públicos, a solicitação de propostas precisa ser conduzida em conformidade com a legislação em vigor, de forma a preservar o direito de participação de diferentes fornecedores.

Feitas as solicitações de propostas a potenciais fornecedores, podem ser necessários esclarecimentos de dúvidas relativas a entendimento de especificações de bens e/ou produtos a serem adquiridos. Para tanto, podem ser realizadas reuniões com fornecedores, assim como esclarecimentos a distância. No último caso, uma boa prática consiste em disponibilizar para todos os fornecedores as explicações/esclarecimentos de eventuais dúvidas que venham a ser apresentadas por fornecedores de maneira individual. Quando se tratar de administração pública, tal prática é mandatória.

Como resultados do processo de condução das aquisições, devem ser geradas as propostas pelos fornecedores, a seleção das propostas (em conformidade com os critérios definidos nos documentos de aquisição), bem como os contratos assinados com os fornecedores selecionados.

Controlar as aquisições

Uma vez assinados os contratos, deve-se proceder ao processo de controle das aquisições, em que os fornecedores executam as atividades necessárias à entrega de bens e/ou serviços constantes das especificações feitas pelo cliente. Ao mesmo tempo, o cliente precisa fazer o controle do que foi adquirido.

No processo de controle das aquisições, constituem resultados básicos, o fornecedor mobilizado para o projeto, as aquisições gerenciadas (pelo cliente e pelo fornecedor) e os produtos adquiridos (bens e/ou serviços) entregues pelo fornecedor e aceitos pelo cliente.

***

Neste capítulo, buscou-se dar uma visão geral sobre o gerenciamento das aquisições em projetos. Os três processos inerentes à gestão de aquisições, segundo o Guia PMBOK®, foram abordados de maneira geral e deverão ser objeto de detalhamento em capítulos específicos.

Veremos, no próximo capítulo, como fazer o planejamento do gerenciamento das aquisições do projeto, desde a formalização da necessidade de aquisição de um produto ou serviço por meio da análise *make-or-buy*, passando pela geração das especificações, contratação do fornecedor, administração e encerramento do contrato.

2
O planejamento das aquisições no projeto

Este capítulo pretende dar subsídios ao leitor para o planejamento das aquisições no projeto, ressaltando sua importância, as informações necessárias, como fazer e como representar esse planejamento. Também tem por objetivo elucidar como são definidas as aquisições em um projeto. Nele, veremos o que é contratado em projetos, como decidir fazer ou contratar o escopo do projeto, como especificar o que queremos contratar, bem como a importância de conhecermos o mercado para que as decisões e definições sejam adequadas. Será ressaltada a necessidade de o contratante perceber o ambiente jurídico em que a contratação está sendo desenvolvida, de forma a diminuir os riscos legais de reivindicações daí decorrentes.

A importância do planejamento das aquisições

O planejamento consiste na criação de um plano de gerenciamento do projeto (PGP) que irá definir o caminho para que sejam alcançados os objetivos pretendidos.

Tudo que será executado no projeto, e que tenha relevância para ser planejado, deve constar do PGP, inclusive o trabalho de gerenciamento das aquisições. O esforço de planejamento deve ser adequado à necessidade de cada projeto. Assim, quanto maior e mais complexo ele for, maior deve ser o detalhamento do planejamento, a quantidade de documentos que serão elaborados e o que deve ficar estabelecido na metodologia de gerenciamento de projetos da organização.

Um dos documentos que podem fazer parte do PGP é o plano de gerenciamento das aquisições, que descreve como devem ocorrer no projeto os processos de aquisição de produtos e serviços (desde a decisão de adquirir, passando pela contratação do fornecedor escolhido, até o encerramento do contrato). Dizemos que "pode fazer parte do PGP", porque a necessidade de implementação desse documento vai depender da complexidade do projeto, que será o viés para determinar a realização desse esforço de planejamento. Somente os projetos que demandem um número significativo e uma complexidade absoluta em contratações é que necessitam de um plano para orientação de todos. Por conseguinte, dependendo das necessidades do projeto, o plano pode ser formal ou informal, detalhado ou genérico.

É importante salientar que devemos focar o gerenciamento de aquisições nos chamados itens críticos do projeto. Em tese, não haveria necessidade de planejar a aquisição de um simples parafuso, considerando que ele está disponível no mercado e seu valor é singelo. Definimos um item como crítico e merecedor de ser objeto de aquisição organizada em função de:

- seu processo de aquisição e/ou entrega estar no caminho crítico;
- ser difícil de encontrar no mercado;
- seu valor monetário ser significativo.

Uma forma de priorizar o gerenciamento de aquisições é, portanto, utilizar a regra 80-20. A ideia é classificar as aquisições de acordo com sua importância ou seu impacto no projeto. A base do conceito é o princípio de Pareto (20% das causas são responsáveis por 80% das consequências).

As seguintes informações podem constar de um plano de gerenciamento de aquisições:

- quem prepara o plano e quando, ou se existe um documento-mestre da organização que todos os gerentes do projeto devem seguir;
- o que levar em consideração para tomar a decisão de fazer internamente um pacote de trabalho ou contratá-lo, baseado no relacionamento com a estimativa de recursos para as atividades e o desenvolvimento do cronograma;
- se a equipe do projeto contrata suas necessidades ou se existe um departamento de compras que centraliza todas as aquisições (na segunda hipótese, os tipos de decisão que a equipe do projeto poderá tomar por conta própria);
- se existem documentos/formulários padronizados (manuais e/ou em sistema próprio) para especificação, pedido de compra, solicitação de proposta, minuta de contrato, avaliação de desempenho de fornecedor etc. e onde encontrá-los;
- quais os itens críticos a serem adquiridos;
- quais os tipos de contratos a serem usados;
- quem gerencia os contratos (se a equipe do projeto ou um setor específico na empresa);
- como serão administrados fornecedores múltiplos;
- o tipo de financiamento a ser utilizado, se houver tal disponibilidade;
- se é preciso um orçamento de referência ao se efetuar uma solicitação, quem o prepara e quando fazê-lo;
- como a área responsável pelas aquisições estará coordenada com os outros aspectos do projeto, como cronograma e

relatórios de desempenho, ou seja, como será reportado o andamento das aquisições;

- as premissas e restrições que terão impactos no planejamento das aquisições.

O planejamento do projeto é um processo contínuo, muitas vezes elaborado progressivamente (*rolling wave planning*), que não acaba com o início da execução. O plano precisa manter-se atualizado para refletir a execução do projeto e as mudanças autorizadas, pois até mesmo as orientações básicas e os objetivos, que normalmente são válidos por um tempo mais longo, podem mudar durante o projeto.

O planejamento das aquisições está associado à metodologia de gerenciamento de projetos definida pela organização. Em Xavier et al. (2014), essa associação pode ser vista, assim como um modelo para o plano de gerenciamento das aquisições. Vejamos adiante um exemplo de plano.

<table>
<tr><td colspan="3">XPTO Montagens Ltda.</td></tr>
<tr><td colspan="3">Nome do projeto: Montagem do equipamento ABC</td></tr>
<tr><td colspan="3">Plano de gerenciamento de aquisições (PGA)</td></tr>
<tr><td>Elaborado por:</td><td>Gerente do projeto</td><td>Data:</td></tr>
<tr><td>Aprovado por:</td><td>Chefe do Departamento de Engenharia
Chefe do Departamento de Aquisições</td><td>Versão:</td></tr>
</table>

1) *Projeto*

Este projeto visa à montagem do equipamento ABC, conforme contrato nº 1.234 com o cliente Y.

2) *Objetivo do plano*

O plano tem como objetivo principal servir de orientação às atividades de seleção de fornecedores, contratação de bens/serviços e monitoramento do desempenho dos fornecedores que irão atender às necessidades do projeto.

3) *Responsabilidades*

a) A equipe técnica do projeto fornecerá a lista dos materiais e serviços a serem adquiridos contendo todas as características quantitativas e qualitativas de cada item.

b) A equipe de planejamento fornecerá os prazos de entrega necessários de cada item e informará, quando for o caso, quais materiais são considerados críticos ao andamento da produção.
c) Os fornecedores deverão dar os respectivos procedimentos de metalização e revestimento para aprovação, antes da execução dos trabalhos e dentro dos prazos definidos nas ordens de compra.
d) Depois de aprovados, os procedimentos anteriores serão incorporados às respectivas ordens de compra.
e) Os fornecedores deverão ser previamente homologados, utilizando-se como base o procedimento de qualidade da empresa PQ-07.4.01.
f) O Departamento de Qualidade deverá informar as atividades acompanhadas no fornecedor.
g) O Departamento de Qualidade também deverá monitorar as inspeções de recebimento, na fábrica, de todos os materiais/serviços adquiridos.
h) O desempenho dos fornecedores deverá ser avaliado periodicamente conforme critérios definidos no procedimento de qualidade da empresa PQ-07.4.2.
i) Todos os materiais adquiridos deverão atender aos requisitos técnicos da Sociedade Classificadora – DNV (esses requisitos deverão constar dos pedidos de compra).

4) *Normas para as aquisições*

a) A rotina para o processo de compra deverá estar em conformidade com o procedimento de qualidade da empresa PQ-07.4.3.
b) As solicitações de cotação ou de propostas de fornecimento de materiais/serviços deverão ser elaboradas de forma clara e detalhada o suficiente, de maneira que os fornecedores entendam o que será fornecido e possam apresentar suas propostas.
c) Considerando que o projeto foi contratado a preço fixo, somente deverão ser utilizados contratos de preço fixo. Eventuais exceções deverão ser submetidas à análise/aprovação da diretoria. Se o prazo for superior a um ano, deverá ser prevista fórmula de reajuste para manter o preço atualizado.
d) Eventuais dificuldades no processo de compras que possam afetar o cronograma da obra deverão ser comunicadas de imediato à diretoria da empresa.
e) As compras deverão ser efetuadas dentro do planejamento físico-financeiro do projeto e visando assegurar que não haja dificuldades no fluxo de caixa do projeto.
f) Todas as medições e todos os faturamentos com os fornecedores deverão ser acompanhados e aprovados pelo gerente do projeto, antes do envio ao Setor de Contas a Pagar.

5) *Administração do contrato*

a) Deverão ser programadas visitas periódicas aos fornecedores de itens críticos, visando diligenciar o andamento dos pedidos de compra.
b) Nas visitas, deverão ser verificados os documentos aplicáveis, como ordem de compra e demais requisitos especificados, inclusive prazo de entrega (cronograma).
c) Deverá ser acompanhado o andamento físico do item contratado, seguido de análise crítica em relação ao desempenho esperado do fornecedor.
d) O Departamento de Aquisições irá emitir relatórios semanais com registro de andamento dos pedidos de compra. Esses relatórios deverão ser enviados ao gerente do projeto.
e) Solicitações de alteração de escopo deverão ser tratadas de acordo com o plano integrado de mudanças do projeto e, se aprovadas, refletidas em alterações no contrato.
f) Caso a execução de um escopo seja feita por um fornecedor, este deverá orientar seu pessoal no sentido de que todas as dúvidas e ordens devem ser feitas por escrito pelo cliente, e nunca diretamente a ele, de forma a que não se configure o vínculo empregatício.

____________, em ____ de ______________ de ____.

____

Assinaturas

Informações necessárias para o planejamento das aquisições

Para o planejamento das aquisições, são necessárias informações relativas aos seguintes elementos:

- *Atores ambientais*. As condições do mercado, ou seja, quais produtos e serviços estão disponíveis no mercado, com quem e sob quais termos e condições.
- *Sistemática de aquisição da empresa*. Regras, estruturas e procedimentos estabelecidos para as aquisições na empresa (muitas vezes sujeitos a leis e decretos, como é o caso de empresas vinculadas à administração pública).

- *Planejamento das demais áreas de gerenciamento do projeto*:
  a) *Escopo*. Na estrutura analítica do projeto (EAP) estão estabelecidas as entregas do projeto e no seu dicionário estão as especificações dessas entregas.
  b) *Tempo*. O cronograma do projeto irá influenciar ou ser influenciado pelos prazos necessários para as aquisições do projeto. O planejamento do tempo levará em consideração os recursos físicos que serão necessários para a execução do processo de aquisição, assim como a duração estimada dos serviços e/ou entrega dos produtos a serem contratados.
  c) *Custo*. O orçamento e o fluxo de caixa irão influenciar ou ser influenciados pelos custos das aquisições do projeto, provisionando-se também uma verba para enfrentar os riscos previsíveis e não acolhidos como essenciais.
  d) *Risco*. O plano de respostas aos riscos contém as ações a serem desenvolvidas para mitigar, prevenir ou transferir os riscos das contratações do projeto, em todas as áreas em que eles possam vir a acontecer, inclusive o risco jurídico.
  e) *Recursos*. O planejamento de recursos definirá as regras para o trabalho de pessoas no projeto, inclusive as de empresas contratadas, principalmente em relação às questões trabalhistas, encargos sociais e relações de emprego, segurança e saúde. Além disso, são úteis as informações da matriz de responsabilidades acerca dos papéis das partes interessadas (*stakeholders*) na geração e aceite das entregas do projeto. É importante ressaltar a promulgação da Lei nº 13.467/2017 e da IN nº 5/2017, do Ministério do Planejamento, Desenvolvimento e Gestão (MPOG), que tratam respectivamente da Reforma Trabalhista e das regras dos contratos terceirizados decorrentes da terceirização estabelecida pela Lei nº 13.429/2017.

f) *Qualidade*. As normas e critérios de qualidade estabelecidos para o projeto devem ser refletidos em cláusulas dos acordos com os contratados. É importante destacar que a proteção ao consumidor, ilidindo as cláusulas abusivas e a propaganda enganosa, é um pré-requisito que deverá estar presente, de forma que o cliente não seja responsabilizado por fato de terceiro.
g) *Comunicação*. As exigências de comunicação serão repassadas para os fornecedores de forma que, por exemplo, relatórios de desempenho do projeto reflitam também o andamento dos pacotes de trabalho adquiridos. Fornecedores devem respeitar e se comprometer em manter sigilo e confidencialidade em relação às informações que venham a ser recebidas.
h) *Integração*. A definição do(s) *software(s)* de gerenciamento de projetos e do processo para o controle integrado de mudanças terá influência nas contratações do projeto.

Como planejar as aquisições

Independentemente de fazer ou não o plano de gerenciamento das aquisições, devemos planejar as aquisições do projeto. Esse planejamento consiste em:

- decidir fazer ou adquirir (análise *make-or-buy*);
- elaborar o "mapa de aquisições do projeto";
- planejar o processo de aquisição de bens e serviços;
- planejar como será definida a empresa vencedora e o modelo de contrato a ser assinado pelas partes;
- planejar a administração das aquisições;
- planejar o encerramento das aquisições.

Decidir fazer ou adquirir (análise *make-or-buy*)

O primeiro passo, portanto, é avaliar se devemos produzir os pacotes de trabalho internamente ou contratar terceiros para produzi-los. Da mesma forma, se devemos, para a produção dos pacotes de trabalho a serem gerados pela equipe, utilizar recursos existentes ou contratá-los no mercado. Contratamos então pacotes de trabalho ou os recursos necessários para que o projeto possa entregar os produtos e serviços (*deliverables*) que serão produzidos pela sua equipe.

Para melhor compreensão, vejamos o seguinte exemplo: no projeto da figura 6 (adiante), podemos tomar a decisão de contratar externamente o pacote de trabalho "4.4 – coquetel de lançamento". Caso a decisão fosse de produzir o coquetel com a equipe do projeto, teríamos de planejar adquirir os recursos necessários, como garçons, bebidas, salgadinhos, guardanapos e copos. Poderíamos também contratar, nesse projeto, a revisão ortográfica e gramatical (2.3), os fotolitos de capa (3.4.1), os fotolitos de miolo (3.4.2), a impressão (3.5) e a divulgação (4.3).

Decidido o que adquirir, vamos ver como planejar o que será contratado.

Elaborar o mapa de aquisições do projeto

Planejar o que será contratado começa com a elaboração da nossa lista de compras, o que chamamos de "mapa de aquisições do projeto".

O quadro 1 apresenta, no exemplo do projeto da montagem do equipamento, como seria o mapa.

Quadro 1
Exemplo de mapa de aquisições

XPTO Montagens Ltda. Projeto: Montagem do equipamento ABC Mapa de aquisições do projeto					
Item	**Descrição**	**Ref. na EAP**	***Vendor list***	**Orçamento (R$)**	**Prazo**
1	Elaboração do projeto de engenharia	2.3	Neoprojetos PM – Projetos de Engenharia Engepro	80.000,00	15/5/XX
2	Materiais e mão de obra	3.4.1 e 3.4.2	A ser verificado posteriormente	40.000,00	15/6/XX
3	Equipamento ABC	3.5	ABC	250.000,00	15/7/XX
4	Instalação	4.3	Obrasmax DLMG Construções	100.000,00	30/7/XX
5	Inspeção	4.4	Qualieng B&A	40.000,00	15/8/XX

Planejar o processo de aquisição de bens e serviços

Após decidirmos o que será adquirido, devemos acrescentar no planejamento do projeto como serão realizados os processos necessários para que os itens listados no mapa de aquisições sejam contratados. Focaremos, neste livro, o planejamento dos *deliverables* (produtos e serviços) e atividades do processo de aquisição, representando-os na estrutura analítica do projeto (EAP) e na lista de atividades. Na figura 3, podemos ver uma decomposição genérica para um processo em que está representada a aquisição de um produto ou serviço.

De acordo com o que precisarmos adquirir, deveremos verificar quais dessas atividades serão realmente necessárias, acrescentando ou não outras atividades que, para o caso específico, devam ser realizadas.

Por exemplo: no caso do projeto de montagem do equipamento ABC, a EAP com a contratação de equipamentos, materiais e serviços é a da figura 4.

Figura 3
Decomposição genérica de uma aquisição

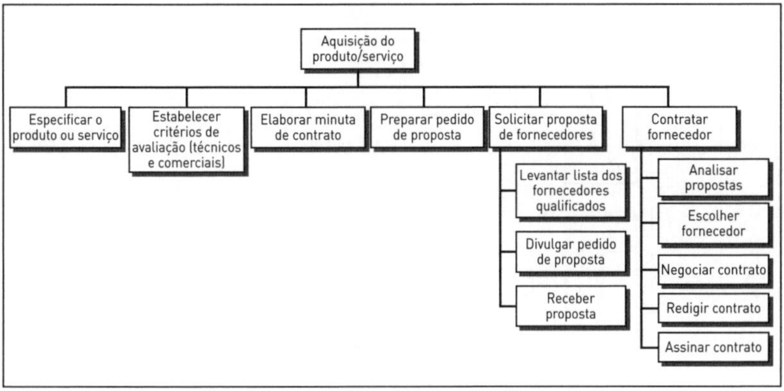

Planejar a administração de contratos

Durante o prazo de execução dos serviços/entrega de produtos contratados, o contrato com o respectivo fornecedor deve ser administrado para garantir o cumprimento das condições estabelecidas. Esse processo pode requerer o acompanhamento e a avaliação do cronograma, dos custos incorridos, da qualidade dos produtos adquiridos e da determinação da periodicidade de reuniões de acompanhamento.

No exemplo da figura 4, para a administração do contrato, ou seja, a fiscalização do desenvolvimento do trabalho do fornecedor para realizar a inspeção do equipamento, poderíamos simplesmente planejar a alocação de um membro da equipe ao pacote "inspeção do produto".

Dependendo do esforço necessário para a administração do contrato, deve ser acrescentado na EAP um *deliverable* para atender às exigências do trabalho. No caso, por exemplo, de uma obra de engenharia contratada, seria acrescentado o "acompanhamento da obra", como pode ser visto na figura 5.

Figura 4

Exemplo de EAP com *deliverables* de contratação

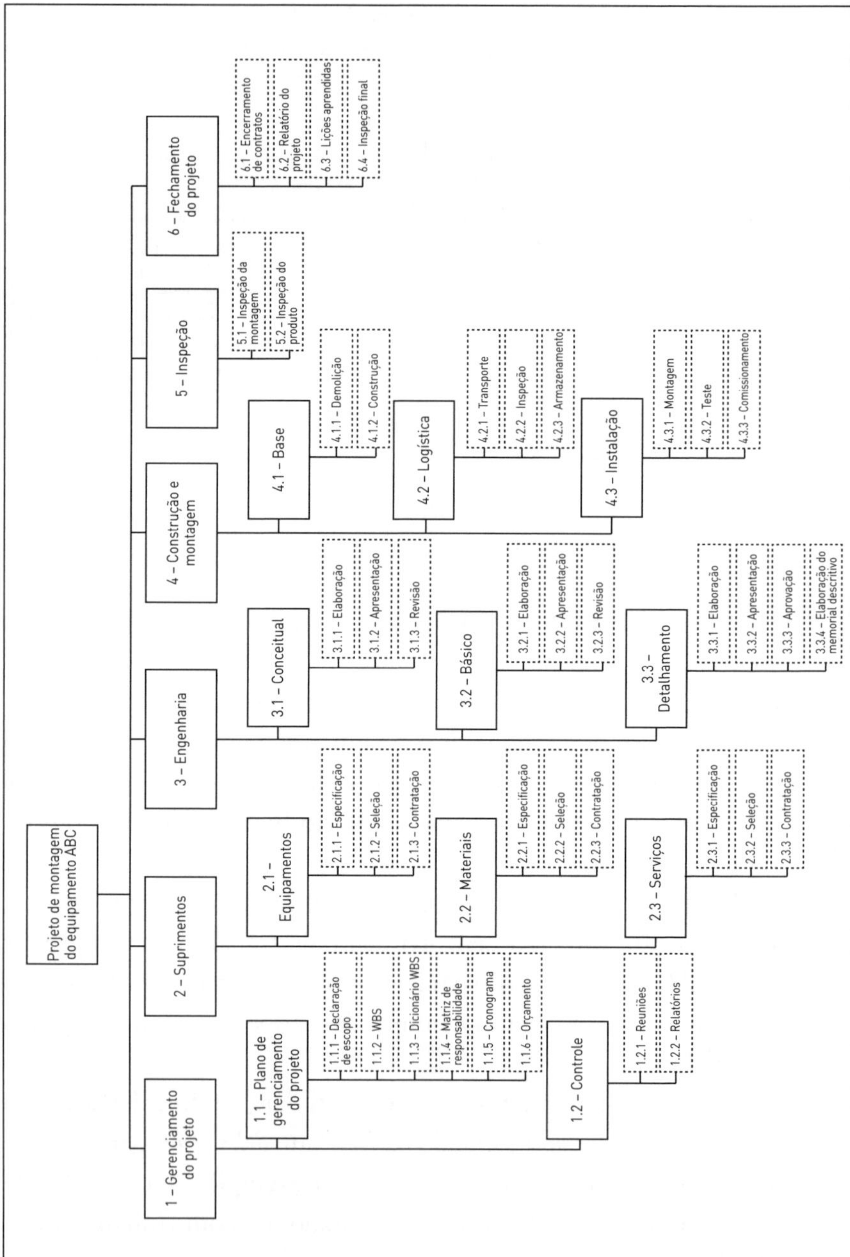

Figura 5
A administração do contrato na EAP

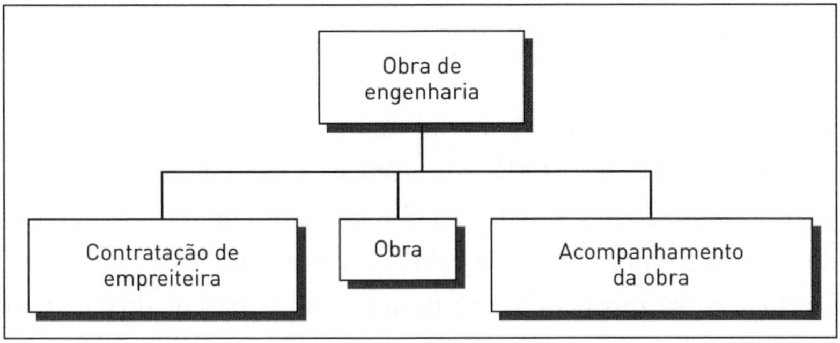

Planejar o encerramento de contratos

O encerramento de contratos dá suporte ao processo de encerramento do projeto, pois envolve a confirmação de que todas as entregas previstas nos contratos assinados e em vigor foram aceitas. Esse processo também envolve atividades administrativas, como a atualização de registros para refletir resultados finais e o arquivamento dessas informações para uso futuro. No exemplo, podemos ver, na figura 4, o *deliverable* para comportar as atividades correspondentes.

Onde representar o planejamento das aquisições

O planejamento do gerenciamento das aquisições deve ser refletido no plano de gerenciamento do projeto. Verificamos que o planejamento das demais áreas de gerenciamento contém informações necessárias para o planejamento das aquisições, que, dessa forma, deve ser refletido no planejamento das outras áreas, modificando a EAP e seu dicionário, cronograma e orçamento.

A definição das aquisições no projeto

O que adquirimos em projetos?

Uma das bases do planejamento de um projeto é o escopo que, segundo o PMBOK® (PMI, 2017:708), é "a soma de produtos, serviços e resultados a serem fornecidos como um projeto". O escopo do projeto é representado na EAP, também conhecida como *work breakdown structure* (WBS). Na figura 6 está representado o escopo do projeto de publicação de um livro.

Os elementos no nível mais detalhado da EAP, ainda de acordo com o PMBOK® (PMI, 2017), são denominados pacotes de trabalho (*work packages*). Esses elementos são, portanto, as entregas (*deliverables*) do projeto. Por exemplo: na EAP da figura 6, os pacotes de trabalho são os elementos que não estão em caixas (*boxes*). Mais informações sobre EAP e pacotes de trabalho podem ser vistas em Sotille et al. (2014) e Xavier (2016).

As aquisições no projeto devem ter como base o escopo e, portanto, a EAP. A equipe de planejamento irá decidir o que será produzido internamente e o que será contratado fora da equipe do projeto – é a chamada decisão *make-or-buy*.

Em um projeto podem ser contratados:

- pacotes de trabalho – por exemplo, a revisão ortográfica e gramatical (elemento 2.3 da figura 6);
- um conjunto de pacotes de trabalho com o objetivo de elaborar um pacote de contratação – por exemplo, fazer um processo único de contratação para o projeto gráfico da capa e do miolo (elementos 3.1.1 e 3.1.2);
- recursos (materiais, equipamentos e pessoas) necessários e não disponíveis para o trabalho que será feito visando à

entrega do pacote de trabalho – por exemplo, se for decidido que os gráficos e ilustrações (elemento 3.2) serão feitos pela equipe do projeto, serão necessários computador, *software* e profissional gráfico; caso esses recursos não estejam disponíveis na organização, será necessário contratá-los.

Figura 6
Estrutura analítica do projeto (EAP) de um livro

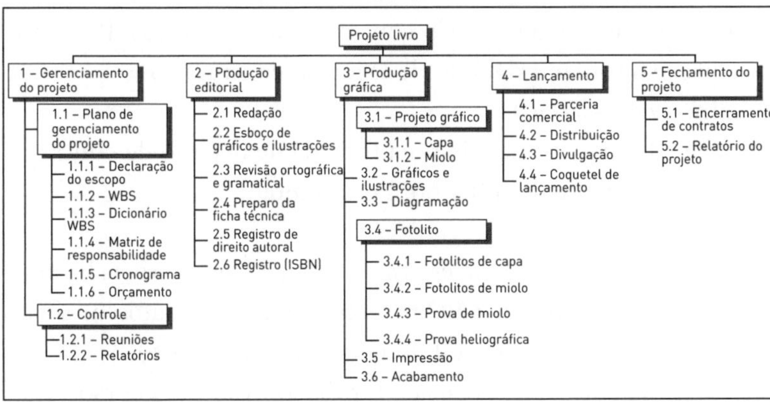

A contratação de pessoas para compor a equipe do projeto faz parte do gerenciamento de recursos humanos, e não do gerenciamento de aquisições. Quando for feita por meio de pessoa jurídica no regime de fornecimento de empregados, utilizaremos os processos aqui descritos.

No exemplo apresentado, entender a natureza jurídica da obra intelectual a ser editada é pressuposto essencial para o sucesso do projeto. Ele só chegará ao seu final se o autor autorizar a editora a fazer a publicação da obra, já que a inexistência dessa formalidade pode acarretar o embargo das vendas. A exigência aqui contida está claramente identificada, nas limitações existentes quanto ao uso da obra intelectual por terceiros, na Lei nº 9.610/1998, que dispõe sobre a proteção dos direitos autorais.

Sabendo o que podemos contratar em projetos, e quais os limites a serem observados, é preciso tomar a decisão sobre o que será contratado.

A decisão de fazer ou contratar

O primeiro passo do gerenciamento de aquisições é, portanto, verificar o que será necessário contratar para o projeto. Para tanto, é preciso tomar a decisão de fazer ou contratar os pacotes de trabalho (*make-or-buy*).

Vários fatores influenciam na tomada de decisão de contratar ou não cada pacote de trabalho. Por exemplo:

- *Necessidade de focar no negócio da empresa.* As empresas há muito verificaram que não faz sentido querer ser autossuficiente e perder o foco central no negócio (*core business*).
- *Disponibilidade de recursos.* Ter disponíveis os recursos (materiais, equipamentos e pessoas) na quantidade e qualidade necessárias para a geração do pacote de trabalho.
- *Necessidade de liberar recursos para outros propósitos.* Os recursos existem, mas devem ser empregados em outro trabalho.
- *Necessidade de acesso a uma tecnologia ou expertise.* Melhor forma de absorver uma nova tecnologia ou forma de geração do pacote de trabalho.
- *Controle.* Quando o trabalho é executado pela própria equipe, é possível um controle melhor das ações que serão executadas.
- *Compartilhamento de riscos.* Uma das possíveis respostas a riscos é a transferência, sendo a contratação um dos modos de fazê-la. O risco pode ser transferido à medida que os instrumentos contratuais, que regerão as relações entre as partes, disponham claramente acerca das responsabilidades do cliente

e do contratado. O cliente, quando contrata, continua com parte do risco, pois, se a contratada não concluir o trabalho, por mais que existam garantias estabelecidas, o cliente deixará de ter à disposição os bens e serviços contratados.

- *Custo.* É mais barato contratar ou fazer internamente? Essa análise deve incluir também o custo do processo de contratação, o custo fiscal que impacta a formação do preço e o custo de administração do contrato, devendo ser utilizado o conceito de custo total de propriedade. Esse custo (em inglês *total cost ownership* – TCO) deve levar em consideração o custo do ciclo de vida do produto ou serviço (custo de aquisição + custo de operação + custo de manutenção + custo de descarte).
- *Prazo.* Demora mais tempo contratar ou fazer internamente? Essa análise deve levar em consideração também o tempo do processo de contratação, que tem diferença na empresa privada e na administração pública.
- *Existência de fornecedores confiáveis.* Não havendo confiança em um fornecedor para a geração do pacote de trabalho, o melhor é fazer internamente. A confiança, ou fidúcia (expressão de origem latina), define os limites seguros que devem nortear as relações entre pessoas físicas e jurídicas, esbarrando no elemento essencial a ser avaliado, que é a boa-fé das partes quando da apresentação a respeito de sua capacidade técnica, econômica e empresarial.
- *Restrições do projeto.* Podem ter sido estabelecidas pelo cliente, pelo patrocinador ou pela empresa restrições (por exemplo, de orçamento) em relação às contratações. As restrições estão intimamente ligadas ao tipo de fornecimento de bem ou serviço a ser contratado. Um tipo de restrição que pode ser imposta pelo cliente é a proibição de subcontratação, total ou parcial, do escopo do contrato.

- *Fornecimento especializado.* A equipe não é capaz de gerar o pacote de trabalho na qualidade exigida pelo projeto e determina sua terceirização, o que implica o estabelecimento de regras seguras para sua implementação, considerando a vinculação das responsabilidades dos resultados, especialmente em relação ao consumidor que irá usufruir indiretamente das vantagens que venham a ser obtidas com os melhoramentos que o projeto venha a ocasionar. Nesse sentido, deverão ser analisados, por exemplo, num projeto de um novo veículo, os riscos em relação à máquina e os mecanismos para solucioná-los por meio de um *recall*.

Depois de tomar a decisão do que contratar, é preciso especificar os produtos e serviços necessários ao projeto, o que será visto a seguir.

A especificação do que será contratado

O escopo do projeto não fica totalmente definido com a elaboração da EAP. Deve-se descrever cada pacote de trabalho de maneira que a equipe e o cliente tenham um referencial, acordado entre as partes, do que será entregue. Para tanto, faz parte do gerenciamento do escopo a geração do dicionário da estrutura analítica do projeto (WBS *dictionary*), que, segundo Xavier (2016:132), "é o documento que define/especifica o que será entregue em cada pacote de trabalho".

Para os pacotes a serem contratados, é necessário que a descrição do trabalho a ser realizado ou dos produtos a serem entregues seja elaborada com mais detalhes do que para aqueles que serão gerados pela equipe do projeto. Essa descrição é denominada, no PMBOK® (PMI, 2017), "especificação de trabalho" (*statement of work* – SOW) e deve ser redigida de tal forma que permita que os fornecedores entendam o que será fornecido e possam apresentar suas propostas.

Dependendo da empresa ou do que se está contratando, o SOW pode ter vários nomes: memorial descritivo, objeto de licitação, especificação técnica, especificação funcional, especificação de serviços etc.

Quando o cliente entrega uma especificação para um fornecedor avaliar se tem capacidade para atendê-la e ele já forneceu algo similar, pode acontecer de ele utilizar sua experiência anterior, sem se ater aos parâmetros contidos naquele documento, o que pode acarretar uma distorção sensível no resultado a ser obtido com o recebimento do bem ou serviço a ser implementado. Por exemplo: o cliente entrega ao fornecedor uma especificação para que ele faça um serviço de pintura. Com a experiência que o fornecedor tem, ele apenas lê os dados gerais e, por sua conta e risco, apresenta proposta contendo dados e procedimentos que não interessam ao fornecedor ou que encarecem desnecessariamente o projeto.

Em virtude dessa evidência, é pressuposto essencial que o contratante, quando da preparação das especificações, se preocupe com aqueles que as lerão. É importante, contudo, ter em mente a seguinte máxima:

> O que eu quero com a presente especificação, não resta dúvida, que eu sei. Mas quem precisa saber o que eu quero receber é o mercado a quem entregarei a documentação pertinente. Dessa forma, as informações que devo gerar não são para mim, mas para terceiros, devendo as mesmas refletir o que espero receber, devendo ser organizadas de forma clara e objetiva, contendo todos os dados e parâmetros necessários à obtenção de ofertas seguras.

Os "implícitos" merecem também muita atenção. Muitas vezes, deixamos de explicitar uma necessidade por achar que é algo implícito ao produto ou serviço. O que está implícito para quem está escrevendo pode não estar para quem está lendo a especificação.

Essa ressalva se faz necessária porque a especificação é o documento mais importante a ser entregue ao fornecedor do bem e/ou serviço, já que contém a descrição de um produto, serviço ou resultado que será contratado.

Um grande debate na área de aquisições diz respeito ao nível de detalhes que deve ter uma especificação. Uma linha de pensamento argumenta que a especificação deve ser rigorosamente detalhada, deixando pouco espaço para a interpretação do contratado; isso fará com que haja uma grande chance de que se receba o que está sendo solicitado.

A outra linha de pensamento sustenta que as melhores especificações são aquelas que esboçam aquilo de que se necessita, sem se envolver em detalhes, mas sim nos resultados esperados, permitindo ao contratado apresentar a melhor solução. Na prática, a abordagem a ser seguida será governada pelas circunstâncias envolvidas. Assim, se estamos contratando em uma área dinâmica, por exemplo, a área tecnológica, em que indiscutivelmente podemos constatar uma evolução rápida, é de bom senso que o contratado possa ultrapassar os limites contidos na especificação e oferecer a melhor solução para alcançar os objetivos desejados pelo cliente. Cautela deve ser observada quando se tratar de contratação pela administração pública, já que, nessa hipótese, a especificação deve ser conclusiva e clara, não podendo, depois de iniciado o processo de seleção, o fornecedor mudar ou sugerir mudanças, ainda que sejam mais vantajosas. Esta é a regra da universalidade do processo licitatório.

Uma declaração de trabalho deve ser clara, completa e concisa, contendo, entre outras informações:

- especificação técnica (pode conter uma EAP como ferramenta de ajuda na especificação se a contratação envolver várias entregas);
- quantidade desejada;

- qualidade requerida (qualidade exigida de processos, produtos e equipe) e critérios de aceitação (testes que serão feitos);
- prazos (período de realização do serviço ou prazo de entrega);
- condições de pagamento;
- reuniões de acompanhamento;
- relatórios de desempenho que deverão ser produzidos;
- suporte técnico e treinamentos necessários;
- nível (padrão) de atendimento na manutenção;
- garantia;
- local de entrega dos produtos e serviços.

As especificações são informações acerca de um produto, apresentadas no formato de figuras, gráficos ou textos, podendo ser:

- especificações de projeto (desenho) – detalham as características físicas (*design*), com o risco de execução para o contratante (se o produto, por exemplo, não alcançar o desempenho necessário);
- especificações de desempenho – definem as características mensuráveis de desempenho que devem ser atingidas durante a operação do produto final, com o risco de execução para o contratado;
- especificações funcionais – descrevem o uso final de um item para estimular a competição em itens comerciais ao menor custo total, com o risco da execução recaindo também sobre o contratado.

Nas especificações não devem ser incluídas palavras ou frases de sentido vago que deem margem a múltiplas interpretações ou que não estabeleçam os limites que se deseja alcançar na especificação, como: "melhor técnica", "tecnologia de ponta", "etc.", "mais sofisticado", "melhor tecnologia", "maior qualidade".

As especificações enviadas ao fornecedor em uma solicitação de proposta podem ser revisadas e refinadas durante as negociações, quando tal hipótese ocorrer no âmbito da iniciativa privada. Se houver necessidade de alteração das especificações no âmbito da administração pública, todos os participantes do processo licitatório deverão ser comunicados e terão oportunidade de reapresentar suas propostas. Dessa forma, a especificação incluída no contrato pode ser diferente da especificação anexada à solicitação de proposta, refletindo, muitas vezes, abordagens mais eficientes ou produtos de melhor desempenho, ou custo mais favorável para o cliente. Convém ressaltar que a especificação a ser incluída no contrato deve ser atualizada no dicionário da EAP, no pacote de trabalho correspondente.

Segundo Chen (2003), especificações adequadamente elaboradas desempenham os seguintes papéis no processo de gerenciamento de aquisições:

- permitem aos fornecedores apresentar propostas mais acuradas em relação à técnica e ao preço;
- proveem uma base de referência para o desenvolvimento de outras partes da solicitação, como critérios de avaliação e estimativas independentes de custo;
- minimizam a necessidade de mudanças futuras de escopo que podem aumentar o custo e atrasar o projeto;
- permitem ao contratante e ao contratado avaliar o desempenho;
- reduzem disputas e reivindicações acerca de um contrato.

A especificação bem delineada, com parâmetros objetivos e claros, permite que o texto contratual, elaborado de acordo com o disposto no Código Civil Brasileiro (Lei nº 10.406/2002), estabeleça de forma clara e objetiva os limites de garantia e responsabilidade a serem imputados tanto aos fornecedores quanto aos clientes, eliminando a necessidade de provisionamento financeiro para fazer frente a eventuais riscos daí decorrentes. Por conseguinte, haverá uma redução de gorduras e exigências desnecessárias que impactam a elaboração da proposta do fornecedor por força de eventuais indefinições existentes na mencionada especificação.

Em algumas áreas, o termo especificação de trabalho (*statement of work* – SOW) é reservado para a aquisição de um produto claramente especificado e o termo declaração de objetivos (*statement of objectives* – SOO) refere-se à aquisição de um item que representa um problema a ser resolvido. Assim, aos fornecedores é permitido oferecer os produtos/serviços que, no seu entendimento, melhor atendam às necessidades do cliente.

Quando se trata do SOW preparado para a escolha de um fornecedor pela administração pública, a liberdade de alterá-lo está restrita aos prazos impostos pela Lei de Licitações e Contratos que precedem a abertura das propostas, quando as partes – empresa licitante e proponente – podem fazer alterações no documento editalício de forma objetiva e dando publicidade a todos os demais proponentes que tenham interesse em participar do certame.

Tanto para a tomada de decisão sobre fazer ou contratar quanto para a elaboração do SOW, é preciso que o cliente conheça o mercado.

A importância de conhecer o mercado

Uma das formas de se conhecer o mercado é a solicitação de informações (*request for information* – RFI). Assim, para fornecedores identificados como potenciais participantes de um processo de seleção pode ser enviada uma RFI contendo pedido de informações acerca do produto/serviço que se deseja contratar. É importante ficar claro que não se deseja uma proposta, o que indicaria a intenção de utilizá-la para a seleção do fornecedor, situação em que seria necessário um esforço maior do fornecedor para a elaboração da proposta. Assim, a resposta de uma RFI pode conter alternativas de produtos e serviços para atendimento das necessidades do cliente, com a apresentação de preços estimados, muitas vezes os de tabela do fornecedor.

Um dos indicadores da necessidade de pesquisa de fornecedores é a carência deles no cadastro e a oferta de amplas alternativas pelo mercado. Em princípio, os fornecedores são contatados para fins de cadastramento, pois, ao necessitar de um determinado produto ou serviço, o cliente não precisará utilizar um intermediário para viabilizar o fornecimento, o que representa imediata redução dos valores a serem desembolsados, com economia vantajosa para o projeto. Essa tarefa deverá ser iniciada por aqueles materiais e serviços para os quais está registrado apenas um fornecedor.

Os principais instrumentos para a pesquisa de fornecedores são:

- publicações especializadas em materiais ou serviços;
- associações de classe;
- outras empresas;
- publicação de editais de convocação de fornecedores em jornais;
- verificação de registro de preços em outras organizações;
- feiras industriais.

O escopo contratado

O escopo contratado ou escopo do cliente consiste no conjunto de produtos e serviços que lhe devem ser entregues. É importante frisar que o cliente, normalmente, não quer receber somente o produto final. Por exemplo: ao contratar o desenvolvimento de um *software* com uma *softwarehouse*, o cliente quer receber informações a respeito do andamento do projeto, o que se consubstancia por meio de relatórios periódicos que indiquem o avanço do empreendimento; quer estabelecer a periodicidade das reuniões de andamento do trabalho com os representantes autorizados; quer realizar testes de aceitação parcial e total; quer receber o serviço na sua totalidade, acompanhado, é claro, de manuais, treinamento e tudo o mais que julgue necessário; quer garantias de que se trata de um projeto original e não cópia de outro preexistente. Essas exigências devem estar previstas nas especificações apresentadas pelo cliente ao enviar seu pedido de proposta ou o documento de licitação, caso a proposta ou licitação seja promovida, respectivamente, pela iniciativa privada ou pela administração pública, sendo que o fornecedor se obriga a delimitar os mecanismos para atingir os objetivos delineados no pertinente documento.

Cabe ressaltar a importância de o cliente efetivar os pagamentos de serviços a serem prestados pelo fornecedor somente quando houver eventos de entrega previstos no instrumento contratual. Eventualmente, em virtude do tempo previsto para a geração de uma entrega, o cliente pode estabelecer, conforme acordo firmado entre ele e o fornecedor, que existirão eventos parciais de pagamento. Nesse contexto, é importante que se estabeleça como será realizada a medição do avanço físico do escopo a ser entregue, para que o pagamento seja feito de forma correspondente. Por exemplo: suponha que vamos contratar uma empresa para fornecer e instalar um equipamento, estando ainda incluídos no escopo a realização de obra civil, treinamento e operação assistida, que consiste na mobilização de recursos (equipamentos, materiais e pessoas) no cliente, por parte do fornecedor, para que os problemas durante o início da operação sejam rapidamente resolvidos. Como medimos o avanço físico desse escopo se é possível o aceite parcial de alguns desses itens? A solução está na utilização de uma estrutura analítica do projeto (EAP) ponderada, conforme podemos observar no quadro 2.

Quadro 2
Estrutura analítica do projeto (EAP) ponderada (%)

Item	Descrição	Peso (%)	Medição (%)	Avanço (%)
1	Fornecimento do equipamento	40	100	40
2	Instalação	14	0	0
3	Obra civil	24	50	12
4	Treinamento	10	25	2,5
4.1	Treinamento 1	25	100	
4.2	Treinamento 2	25	0	
4.3	Treinamento 3	30	0	
4.4	Treinamento 4	20	0	
5	Manuais	2	50	1
6	Operação assistida	10	0	0
Total				55,5

A multiplicação do peso pela medição nos informa o avanço de cada item/subitem. No caso de existirem subitens, o avanço do item é a soma dos avanços dos seus subitens. No quadro 2, o avanço do item 4 (treinamento) é a soma dos avanços dos subitens 4.1 a 4.4. Ao somarmos os avanços de cada item, temos o avanço do escopo contratado. Se estivermos realizando pagamentos mensais, o pagamento a ser realizado será a diferença entre o avanço do mês em questão e o avanço do mês anterior. Por exemplo: se a medição do mês em questão deu os 55,5% do quadro 2 e se no mês anterior a medição foi de 40%, devemos pagar 15,5% do valor do contrato.

Resta-nos uma indagação: como estabelecer o peso e o critério de medição de cada entrega? A base para o estabelecimento do peso é o custo, pois é importante não criar problemas financeiros (fluxo de caixa) para o fornecedor. Atribuímos os pesos de acordo com a importância de cada item da EAP para o projeto, podendo levar em consideração: custo, participação no caminho crítico, importância estratégica para o cliente, impacto tributário que determine o recolhimento de tributos, entre outros fatores. Ao final, a soma dos pesos das entregas deve ser 100%.

O estabelecimento dos pesos deve ser feito de comum acordo com o fornecedor, e o cliente normalmente fixa esses pesos com base em sua necessidade. Por exemplo: no quadro 2, o valor do equipamento poderia ser equivalente a 60% do valor do contrato. Essa situação, contudo, não seria vantajosa, pois se o fornecedor não instalar o equipamento, o cliente não terá sua demanda concluída. Por isso, o peso estabelecido foi de 40%, sendo os 20% restantes acrescentados à instalação e operação assistida, como uma espécie de garantia de que o fornecedor irá concluir o trabalho.

A medição é feita nos itens mais decompostos da estrutura analítica do projeto (EAP). Essa medição consiste no aceite do item, que pode ser parcial ou não, dependendo do interesse do cliente. Por exemplo: no caso de cada um dos treinamentos, poderíamos estabelecer o não aceite parcial, ou seja, a medição seria 0% ou 100%. Porém, no caso dos manuais, poderíamos estabelecer: entrega dos rascunhos = 50%, validação = 20% e entrega final = 30%. O critério de medição deve ser de acordo com as etapas para a realização de uma entrega. Não adianta pensar em "como eu gostaria de receber", mas sim em "como o meu fornecedor poderá me entregar". Por exemplo: o critério de medição de um muro extenso não deve ser metro quadrado construído com acabamento, mas sim as etapas para a construção do muro.

Riscos no gerenciamento de aquisições

Depois da decisão de contratação de um produto ou serviço externo, realizada após a análise *make-or-buy* apresentada neste capítulo, outros aspectos devem ser analisados pela equipe do projeto: os riscos associados a essa aquisição.

O Guia PMBOK® (PMI, 2017:712) define o gerenciamento de riscos como "os processos de condução do planejamento do gerenciamento de riscos, identificação, análise, planejamento das respostas, implementação de respostas e monitoramento dos riscos em um projeto". Isso inclui maximizar a exposição ao risco (conjugação da probabilidade do evento de risco com o impacto dele decorrente) de eventos positivos e minimizar a exposição ao risco de eventos adversos aos objetivos do projeto. Do ponto de vista jurídico, devem ser identificados os riscos do contrato para poder gerenciá-los a partir do entendimento do significado legal de cada cláusula contratual.

Entre os prejuízos que devem ser percebidos pelo gerente do projeto no momento do planejamento das aquisições em relação aos riscos, destacam-se o atraso que a necessidade de substituição de um fornecedor por outro pode ocasionar na entrega do empreendimento, o desembolso financeiro para o restabelecimento da situação afetada e as implicações tributárias decorrentes.

Alguns riscos decorrem da natureza do fornecimento e de fatos diretamente relacionados com ele, e outros, de eventos fora do controle das partes, portanto imprevisíveis. Identificamos, entre os riscos previsíveis:

- riscos trabalhistas;
- riscos tributários;
- riscos em relações de consumo;
- riscos na utilização de marcas do cliente por terceiros e pelo fornecedor;
- riscos decorrentes da violação de direitos de imagem ou propriedade intelectual de terceiros.

De modo geral, um contrato deve conter todos os pontos de interesse das partes e definir como elas irão responder a seus riscos, especialmente no tocante aos impactos que o cliente pode ter. Mesmo assim, é sempre bom que exista a possibilidade de, durante a execução do contrato, verificada qualquer falha no desempenho de qualquer das partes, haver margem para se buscar a solução do impasse por meio da negociação e da tolerância, devendo, todavia, ficar claro que se trata apenas de uma liberalidade quando tal fato vier a ocorrer, de forma que não se caracterize como novação, ou seja, nova condição contratual. Na maioria das vezes, é muito mais produtivo negociar com o fornecedor do que observar com rigor as regras contratuais, mas tal fato deve ser avaliado pelo gerente do projeto, pois sua não observância pode, ao contrário, ser danosa para o projeto. O equilíbrio na avaliação da melhor decisão a ser tomada é fundamental, pois pode significar, por exemplo, atrasos no cronograma ou aumento nos custos.

Várias perguntas, cujas respostas poderão influenciar ou mesmo comprometer os resultados do projeto, surgirão em decorrência das questões levantadas. Entre tais questionamentos, destacamos:

- se o produto ou serviço será entregue dentro do prazo;
- se atenderá realmente às necessidades de escopo e de qualidade do projeto;
- se o tipo de contrato a ser utilizado para o fornecimento será adequado aos riscos (ameaças e oportunidades) que o projeto permite;
- se a melhor proposta avaliada pela equipe do projeto representa realmente o melhor fornecedor para o projeto;
- se o processo de seleção será utilizado para a contratação do fornecedor;
- se, devido à importância do item, precisaremos contratar mais de um fornecedor;

- se os fornecedores possuem a qualidade desejada;
- se o bem ou serviço a ser fornecido está protegido como obra intelectual ou criação industrial;
- se a equipe do projeto possui ferramentas adequadas para o acompanhamento das atividades do fornecedor;
- se o fornecedor possui uma estrutura voltada para a aplicação das melhores práticas em gerenciamento de projetos;
- se incidirão tributos sobre o fornecimento e, em caso afirmativo, quem será o responsável pelo recolhimento.

Essas e outras perguntas deverão ser respondidas pela equipe de planejamento do projeto durante a elaboração do registro de riscos e do plano de gerenciamento das aquisições, documentos que constituem o plano de gerenciamento do projeto. No primeiro documento, os riscos são identificados e analisados, e as respostas, desenvolvidas, inclusive em relação às aquisições a serem realizadas e, caso necessário, reservas gerenciais ou de contingência serão estabelecidas. No segundo, é estabelecida a metodologia de aquisições que será utilizada pela equipe do projeto para especificação dos itens a serem contratados, seleção de fornecedores, contratação, administração e encerramento do contrato. Muitas vezes, os riscos associados ao processo de aquisição são tão críticos para o projeto que não somente o custo será analisado durante a negociação entre as partes, mas também outros fatores, como garantias, multas e termos contratuais que assegurem sua realização ou minimizem os impactos de sua não efetivação nos termos previstos.

Por melhor e mais criterioso que seja o processo de aquisição, levando-se em consideração os itens críticos e selecionando os fornecedores que realmente atendam às necessidades do projeto, não se pode ter completa certeza de que nada acontecerá de negativo para o empreendimento durante a execução do contrato.

É importante perceber a existência de risco técnico, jurídico, financeiro ou tributário e, na hipótese de difícil comprovação, avaliar a necessidade de provisionar um percentual para enfrentá-lo. Por exemplo: pode ser prevista uma reserva de tempo e de custo, de forma que o projeto não sofra descontinuidade por ocorrência de demandas atinentes a esses aspectos, impactando o prazo e a implementação do empreendimento.

A identificação das possíveis causas dos riscos também auxiliará a organização quanto à elaboração de respostas a eles, geração de lições aprendidas e informações históricas, integração com as demais áreas de conhecimento, entre outros benefícios possíveis.

Um aspecto fundamental no gerenciamento de riscos em aquisições diz respeito à formalização, no instrumento contratual, das responsabilidades a serem assumidas pelo fornecedor nos casos em que *transferência* seja a estratégia definida pelo cliente para responder a alguns dos riscos inerentes à contratação. Uma prática para tal providência consiste em conduzir os processos relativos ao gerenciamento de riscos com foco na aquisição em pauta, considerando a identificação, análise qualitativa, análise quantitativa, respostas aos riscos e monitoramento e controle à luz da aquisição definida como necessária para a obtenção dos produtos constantes do escopo no projeto.

A solicitação de propostas

Este tópico abordará o processo de elaboração da solicitação de propostas aos possíveis fornecedores e os critérios (eliminatórios e classificatórios) que serão utilizados para sua avaliação, tanto para a iniciativa privada quanto para a administração pública. Para a realização do processo, podemos ter a participação exclusiva da equipe do projeto ou, dependendo da estrutura da empresa, do setor de aquisições.

O processo de solicitação de propostas

A solicitação de propostas envolve a elaboração dos documentos que serão enviados aos potenciais fornecedores para que eles tenham possibilidade de apresentar suas condições técnicas e comerciais para o atendimento da necessidade do projeto. No caso da administração pública, esse processo envolve a preparação dos documentos necessários para a realização da licitação de acordo com as leis citadas no capítulo anterior, que contêm as formalidades legais a serem utilizadas pelo setor público para selecionar a melhor proposta para o objeto de seu interesse. A iniciativa privada pode vir a ser obrigada a preparar a solicitação de propostas observando os critérios utilizados pela administração pública na hipótese de o projeto ser financiado por dinheiro público.

O processo de seleção de fornecedor, tanto na administração pública quanto na iniciativa privada, deve se pautar na forma como a organização é estruturada. Se matricial, ela geralmente possui um departamento responsável por todas as aquisições, aluguéis e contratações realizadas. Conforme ressalta Linhares (2009), nesse caso "o departamento de suprimentos é responsável pelas aquisições de equipamentos, materiais e serviços para utilização nos projetos da organização". Em organizações totalmente estruturadas por projetos, essa responsabilidade está a cargo da equipe do projeto, conforme podemos observar na figura 7. Segundo Linhares (2006), cada organização deve evoluir naturalmente para a estrutura organizacional que mais beneficie seus projetos, proporcione retorno a seus patrocinadores, seja adequada a sua área de negócio e reflita suas principais características, proporcionando um aumento da maturidade em gerenciamento de projetos.

Boas práticas de aquisição podem implicar aumento da rentabilidade das empresas, com a obtenção de vantagens em descontos decorrentes das quantidades compradas, minimização de problemas com o fluxo de caixa e busca de fornecedores de maior qualidade. Por isso, normalmente as aquisições de vários projetos são centralizadas em um escritório de compras/contratação/suprimentos, o que resulta em práticas padronizadas e menor custo administrativo. O quadro 3 sintetiza algumas vantagens e desvantagens de existir um setor centralizado para a atividade de aquisição na empresa.

Figura 7

Estrutura matricial *versus* estrutura por projeto

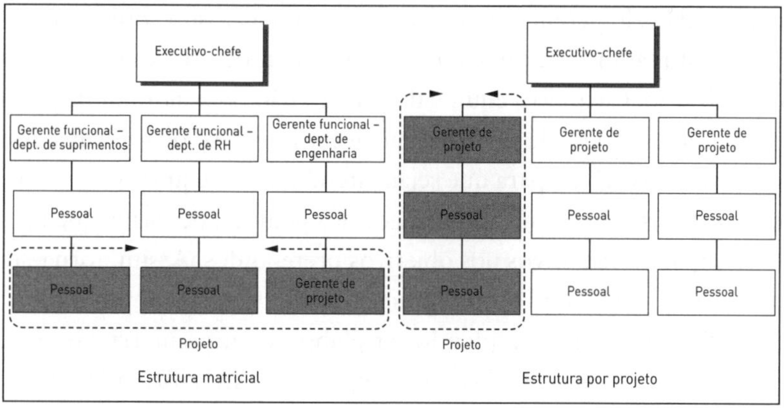

Quadro 3

Vantagens e desvantagens da aquisição centralizada

Vantagens	Desvantagens
• Aumenta a *expertise* em gerenciamento de aquisições • Estabelece práticas padronizadas • Tem menor custo administrativo, com o compartilhamento de recursos • Possibilita melhor controle sobre o processo • Proporciona obtenção de descontos pelo volume de compras	• Cria ilhas de conhecimento • A prioridade é estabelecida pelo setor de aquisições, podendo não atender às necessidades do projeto

No quadro 4 podem ser vistas vantagens e desvantagens do processo de aquisições descentralizado.

Quadro 4

Vantagens e desvantagens da aquisição descentralizada

Vantagens	Desvantagens
• Maior conhecimento técnico do que será adquirido • A prioridade é dada pelo projeto • Maior agilidade nas aquisições	• Dificuldade no estabelecimento de padrão para o processo • Maior dificuldade no controle do processo • Duplicidade de função, com ineficiência do uso de recursos

É importante que a estrutura organizacional da empresa seja conhecida pelo gerente do projeto e sua equipe, assim como os procedimentos administrativos concernentes ao processo de compras da organização. Quando a equipe do projeto não tiver autonomia para efetuar aquisições, ela deverá estabelecer um fluxo de informações com os responsáveis para que sejam atendidos os requisitos técnicos e comerciais, bem como a prioridade dos pedidos, de forma que não haja impactos negativos nos objetivos pretendidos. Assim, torna-se ainda mais importante a integração entre a equipe do projeto e a área de suprimentos, podendo ser elaborada uma matriz de responsabilidade (*responsability assign matrix* – RAM) formalizando o papel de cada um no processo de aquisições.

Para itens críticos ou de aquisição complexa, estratégicos para a organização, que envolvam um grande investimento, logística complexa para a fabricação e o transporte e/ou um alto risco para o projeto, é recomendável a criação de um comitê de aquisições que, depois da validação da necessidade de uma aquisição, assuma o processo de preparação da proposta e a seleção de fornecedores. Esse comitê deve contar com representantes dos setores envolvidos (*stakeholders*), tais como: aquisições; equipe do projeto, equipes jurídica, técnica e financeira. O quadro 5 apresenta um exemplo de matriz de responsabilidades para esse comitê.

Quadro 5

Matriz de responsabilidades no processo de aquisição

Stakeholder	**Atribuição de responsabilidades**
Representante do setor de aquisições	Responsável pela análise das atividades a serem executadas para que se tenha o processo de compras realizado. É necessário conhecimento do processo de aquisições da empresa
Membro da equipe de planejamento do projeto	Responsável por certificar que a aquisição atende aos requisitos do projeto, tais como prazo de entrega, custo e qualidade dos produtos e serviços. Deve ter atenção à mitigação dos riscos envolvidos nas contratações; por exemplo, a garantia da qualidade dos fornecedores
Representante do setor jurídico	Responsável por assessorar juridicamente o comitê no desenvolvimento dos documentos da aquisição
Representante do setor técnico	Responsável pelo detalhamento necessário do produto ou serviço a ser contratado e pela confirmação das informações após o recebimento das propostas dos fornecedores
Representante do setor financeiro	Responsável pela verificação do processo de liberação dos recursos necessários para a efetivação da contratação

Na administração pública, a comissão de licitação é autônoma na condução das aquisições de bens e serviços que demandam um processo licitatório.

Os itens a seguir apresentam algumas questões que devem ser respondidas pela equipe do projeto quando do planejamento do que será adquirido.

- A aquisição será realizada por empresa privada ou pela administração pública? O processo de aquisição varia de acordo com o tipo de organização. A pública deve seguir a legislação vigente e a privada pode elaborar seus próprios processos.
- Quais os procedimentos organizacionais que deverão ser seguidos? Caso a organização possua procedimentos definidos para a realização das aquisições, estes deverão ser cumpridos; caso contrário, o gerente do projeto deverá estabelecê-los.

As aquisições feitas pela administração pública devem seguir os procedimentos estabelecidos pela Lei de Licitações e Contratos, incluindo:

a) requisição de bens e/ou serviços/solicitação de realização de processo licitatório – descrição detalhada do objeto a ser licitado, com todas as informações necessárias à elaboração do documento de licitação;
b) cotação prévia de preços/orçamento (item necessário para determinar a modalidade da licitação);
c) verificação da disponibilidade de recursos (arts. 14 e 38 da Lei nº 8.666/1993);
d) autorização para abertura de licitação (art. 38 da Lei nº 8.666/1993);
e) abertura de processo administrativo devidamente autuado, protocolado e numerado (art. 38 da Lei nº 8.666/1993);
f) enquadramento da licitação na modalidade cabível (art. 23 da Lei nº 8.666/1993);
g) elaboração do instrumento convocatório – edital.

- Que tipo de contrato será utilizado? Existem diferentes tipos de contrato que podem ser empregados em processos de aquisição em projetos. A escolha do tipo de contrato a ser utilizado depende da natureza da contratação e de condições específicas inerentes ao projeto em questão (o escopo está bem definido? A compra é emergencial? É uma terceirização completa ou parcial?). Cada tipo de contrato representa um grau de riscos para o gerente de projeto. No capítulo 3, trataremos dos tipos de contrato e dos riscos a eles inerentes.
- Existem lições aprendidas de compras similares? Vale a pena verificar se compras similares foram realizadas em projetos passados, utilizando-se as lições aprendidas.
- Existe um banco de informações de projetos de aquisições? Informações como potenciais fornecedores e seus desempe-

nhos em contratações anteriores, quais documentos foram elaborados e que critérios foram utilizados para definir o fornecedor poderão ser de grande valia para o processo.

- Que método de aquisição será utilizado? No caso da administração pública, a solicitação de proposta somente poderá ser efetivada por meio de um processo de licitação cujas regras estejam de acordo com a Lei de Licitações e Contratos e alterações posteriores, sob pena de a proposta vir a ser considerada nula. Em alguns casos específicos e claramente definidos em lei, ou seja, quando a escolha for dispensável ou inexigível, a solicitação de proposta poderá ser feita diretamente ao fornecedor escolhido. Na iniciativa privada, essas peculiaridades não se aplicam, devendo ser verificadas as modalidades de aquisição de acordo com a política de contratação da empresa, definida por seus administradores.
- É melhor pré-qualificar os fornecedores antes de enviar a solicitação? A equipe do projeto poderá optar pela pré-qualificação de fornecedores antes da requisição, diminuindo o leque de propostas a serem recebidas. Na hipótese de concorrência, no âmbito da administração pública, essa fase de pré-qualificação é mandatória, de acordo com a legislação que rege o processo de licitação.
- Quais os recursos financeiros disponíveis para a aquisição? O orçamento para a realização do projeto restringirá a aquisição a ser realizada. Deve ser levado em consideração, além do custo do produto ou serviço, o custo do processo de aquisição. No caso da administração pública, o processo de licitação não poderá sequer ser iniciado sem a destinação de verba orçamentária para a viabilização da aquisição do bem ou serviço.
- Qual a urgência para a aquisição do produto ou serviço? Caso o projeto requisite um produto ou serviço urgente,

procedimentos diferentes poderão ser executados, como a liberação imediata da aquisição sem concluir o planejamento do projeto. No caso da administração pública, a contratação sem licitação, ou seja, contratação direta por dispensa ou inexigibilidade, é uma exceção às regras que são aplicadas às compras públicas e deve ser viabilizada de forma restritiva e excepcional.

Veremos, a seguir, como devem ser elaborados os documentos para a solicitação de propostas.

Os documentos do processo de solicitação de propostas

Um edital de licitação, carta-convite, solicitação de proposta ou de cotação é um documento formal, preparado pelo contratante e enviado aos potenciais fornecedores e prestadores de serviço, que servirá de base para que eles possam preparar suas propostas. Esse documento deve conter a descrição detalhada dos serviços ou produtos que se deseja adquirir, as responsabilidades das partes e, eventualmente, os critérios de avaliação que serão utilizados na seleção da proposta vencedora. Caso o contratante não tenha suficientemente detalhado o escopo do fornecimento a ser realizado, ele deverá descrever sua necessidade ou o objetivo da contratação. Isso faz com que os potenciais fornecedores compreendam suficientemente bem a necessidade do contratante e, assim, consigam detalhar a parte técnica e elaborar a proposta. Algumas empresas denominam esse documento "solicitação de cotação" (*request for quotation* – RFQ) quando vão decidir pelo menor preço e "solicitação de proposta" (*request for proposal* – RFP) quando vão utilizar outros critérios, além do preço, para escolher o fornecedor. A solicitação de proposta (RFP) é mais completa e detalhada, uma vez que, além da obrigação de informação do valor da proposta pelos fornecedores, ela contém também descrições técnicas, organizacionais e profissionais para a execução do produto ou serviço. A administração pública utiliza o documento de licitação, por exemplo, uma carta-convite, para esse propósito.

A utilização de uma solicitação de cotação implica, portanto, o desejo de receber cotação de preço dos produtos ou serviços. Nesse caso, é importante ter uma boa especificação e qualificar previamente os fornecedores por meio do estabelecimento dos critérios de avaliação obrigatórios (pré-requisitos) a serem atendidos, diminuindo o risco de que o produto ou serviço entregue não atenda às necessidades do projeto. Para produtos e serviços padronizados, as *commodities*, considerados disponíveis em prateleira (*on-the-shelf*), esse processo se mostra mais ágil, uma vez que suas pertinentes características são simples e de rápida compreensão pelos fornecedores.

Quando o processo implica a necessidade de informações mais detalhadas e completas, é necessário pedir uma proposta por meio de uma solicitação de proposta (*request for proposal* – RFP). Esse documento é bastante utilizado pelas organizações privadas, uma vez que permite que o fornecedor apresente sua proposta. Nesse caso, além dos critérios considerados eliminatórios (pré-requisitos), devem ser estabelecidos critérios classificatórios (facultativos). A definição de critérios eliminatórios e classificatórios conduz a uma avaliação de propostas em etapas, de forma a otimizar a análise necessária pelo contratante.

No caso da administração pública, o edital será o documento convocatório para a licitação, que pode ter como objetivo contratar pelo menor preço, melhor técnica ou melhor técnica e preço. O processo licitatório deve seguir as regras presentes em instrumentos legais, tais como a Lei de Licitações e Contratos, a Lei nº 10.520, de 17 de julho de 2002, e os decretos nº 3.555 e nº 3.697, respectivamente de 8 de agosto de 2000 e de 21 de dezembro de 2000, para o caso da modalidade pregão.

Hoje em dia é cada vez mais utilizada a internet para solicitar propostas a fornecedores. As modalidades mais comuns de compras eletrônicas na iniciativa privada e, quando pertinentes, na administração pública, são:

- *E-marketplaces*. São os portais em que as transações eletrônicas entre empresas (*business to business* – B2B) acontecem. Os *e-marketplaces* podem ser abertos, quando as cotações ficam visíveis para todos, ou fechados, quando as negociações entre compradores e fornecedores são realizadas em ambiente privado. Podem ser particulares, no caso de uma corporação que possui um sistema *online* por meio do qual se comunica com seus fornecedores, ou pertencer a terceiros, quando o controlador do portal é uma empresa independente que cobra uma porcentagem sobre as transações efetuadas.
- *Leilão reverso (pregão)*. É exatamente o que o nome diz e está previsto em lei própria, como já mencionado. Em um leilão tradicional, o vendedor mostra o objeto que será vendido e os potenciais compradores fazem lances de valor crescente, até que a venda é efetuada pela oferta mais alta. No leilão reverso para compras corporativas, a empresa pública lista sua necessidade de aquisição em um portal, convidando os fornecedores interessados a se cadastrar e fazer suas ofertas. O fornecedor vencedor é o que oferecer o menor preço, devendo então apresentar os documentos de qualificação requeridos, para efetivamente vir a ser contratado.
- *Portal de compras*. Ocorre quando um grupo de companhias, por vezes até concorrentes, se une e faz um pedido comum em um portal B2B. A demanda conjunta gera um volume maior do que cada empresa teria capacidade de requisitar

individualmente, determinando que o preço do produto ou do serviço se torne mais barato pelo crescimento da demanda.

A solicitação de proposta (RFP, RFQ, carta-convite, documento de licitação ou outro documento emitido com esse fim) contém, entre outras informações:

- introdução (informações sobre a empresa que está divulgando o pedido, tais como nome, endereço, telefone, CNPJ e pessoa de contato);
- declaração do trabalho, contendo a descrição do produto ou serviço de acordo com as informações disponíveis de escopo fornecidas pela equipe do projeto;
- cláusulas contratuais, gerais e específicas, relevantes para que o proponente direcione sua proposta (confidencialidade, direito de propriedade, direito de propriedade intelectual, responsabilidade das partes e outras a serem vistas);
- pré-requisitos (itens obrigatórios em relação ao fornecedor, como capacidade técnica e financeira, habilitação jurídica, tamanho e tipo de negócio, referências);
- processo de seleção (como se dará a classificação e seleção dos proponentes);
- formatação da resposta (endereçamento, prazo de recebimento e padronização da proposta);
- considerações gerais.

A minuta do instrumento contratual

Um documento que pode ser divulgado juntamente com a solicitação de proposta/documento de licitação é a minuta do instrumento contratual, que é o esboço do contrato a ser firmado entre as partes.

A Lei de Licitações estabelece situações em que essa minuta deve constar obrigatoriamente do documento de licitação. Esse documento será construído de forma a contemplar todos os aspectos relevantes que deverão ser observados pelas partes contratantes. Tem o objetivo de incluir, de forma clara e inequívoca, as condições e os termos necessários para que se atinjam os objetivos delineados, devendo, portanto, ser levado em consideração pelos potenciais fornecedores na elaboração de suas propostas. É pressuposto essencial que a minuta tenha sido aprovada pelo órgão jurídico da administração pública. No capítulo 3 serão detalhadas as questões relativas ao instrumento contratual.

Também faz parte do processo de preparação da solicitação o estabelecimento dos critérios de avaliação que serão utilizados na análise e classificação das propostas recebidas.

Os critérios de avaliação de propostas

Um aspecto importante para o estabelecimento dos critérios que serão utilizados para a avaliação das propostas é que eles deverão ser adequados ao cenário em que se encontra o projeto, ou seja, devem ser aderentes às necessidades do projeto. Caso contrário, podem levar ao aumento desnecessário dos preços da proposta ou à eliminação precoce de um potencial proponente. Na licitação pública, considerando que o pregão se tornou a alternativa mais indicada para bens e serviços, conforme já visto, releva registrar que a etapa inicial é a escolha do fornecedor que apregoou o menor preço, para depois avaliar as questões técnicas e outras exigidas no respectivo chamamento.

Os critérios de avaliação de propostas podem ser divididos em: eliminatórios (obrigatórios ou pré-requisitos) e classificatórios (facultativos). A avaliação das propostas dos fornecedores deve ser realizada em duas etapas: uma para verificação dos critérios eliminatórios e outra para análise dos critérios classificatórios.

Com a finalidade de representar a necessidade do projeto e o desejo da organização, os critérios classificatórios poderão possuir pesos. Os critérios de classificação das empresas na administração pública devem observar as normas legais aplicáveis, de modo que os fornecedores não solicitem a nulidade do documento de licitação por estar em descompasso com essas normas.

Vários critérios poderão ser considerados para classificar as propostas: preço, qualidade, prazo de entrega, experiência do fornecedor, faturamento anual, capacidade de gestão financeira, garantia, nível de atendimento das especificações, qualificações específicas do fornecedor (como certificações da organização ou qualificação dos funcionários que irão participar do fornecimento, a necessidade de profissionais certificados pelo PMI como *project management professional* – PMP – e o atendimento à legislação trabalhista, de propriedade intelectual, tributária, entre outras).

O quadro 6 apresenta exemplos de critérios obrigatórios (eliminatórios) para a contratação de empresa que irá servir o coquetel de lançamento do livro do nosso projeto exemplo.

Quadro 6

Exemplos de critérios obrigatórios

Critérios obrigatórios	Atende?
Apresentação de certidão negativa de débitos relativos ao INSS	Sim/Não
Apresentação de equipe tendo, no mínimo, 50% dos profissionais com curso no Senac para as atividades que realizarão no coquetel	Sim/Não
Ter realizado, no mínimo, quatro coquetéis nos últimos seis meses	Sim/Não
Habilitação jurídica	Sim/Não
Ter instalações próprias no município em que será servido o coquetel	Sim/Não

O quadro 7 apresenta alguns exemplos de critérios facultativos (classificatórios) com os correspondentes pesos associados.

Quadro 7

Exemplos de critérios facultativos

Critérios facultativos	Peso (%)
Qualificação do corpo técnico do fornecedor	35
Qualificações desejadas do fornecedor	20
Variedade dos produtos (alimentos e bebidas) e serviços oferecidos	15
Experiência do fornecedor (número de eventos realizados)	20
Tempo de existência da empresa	10
Total	100

Eventualmente, a organização pode padronizar os critérios de avaliação de acordo com a categoria de aquisição, como pode ser observado no exemplo do quadro 8.

Quadro 8

Categoria de aquisição *versus* critérios de avaliação

Categorias	Critérios
Compras abaixo de R$ 10 mil	• Preço do produto ou serviço • Prazo de entrega e conclusão
Compras de R$ 10 mil a R$ 50 mil	• Preço do produto ou serviço • Prazo de entrega e conclusão • Experiência e qualificação do corpo técnico do fornecedor • Experiência do fornecedor
Compras acima de R$ 50 mil	• Preço do produto ou serviço • Prazo de entrega e conclusão • Experiência e qualificação do corpo técnico do fornecedor • Experiência do fornecedor • Qualidade do produto • Garantia do produto ou serviço • Qualificações desejadas do fornecedor • Prazo de atendimento da requisição • Atendimento das exigências legais

Quando selecionamos propostas levando em consideração tanto o preço quanto o aspecto técnico, precisamos utilizar uma unidade comum para comparação desses quesitos. Um modelo capaz de permitir essa comparação consiste em estabelecer a avaliação final

(AF) de cada proposta com base em uma combinação da pontuação de um índice de preço com um índice técnico, por meio da seguinte expressão:

$$AF = FP \times IP + (10 - FP) \times IT$$

onde:
AF = avaliação final da proposta;
IP = índice de preço da proposta;
IT = índice técnico da proposta;
FP = fator de ponderação.

O fator de ponderação (FP) deve ser estabelecido de acordo com o interesse em dar, no processo de aquisição, prioridade ao preço ou à técnica. Por exemplo: se estabelecermos $FP = 7$, estaremos sinalizando que daremos mais importância ao preço.

O índice de preço (IP) de cada proposta é obtido por meio da aplicação da fórmula:

$$IP = \frac{VMP}{VP}$$

onde:
IP = índice de preço da proposta;
VMP = valor da proposta de menor preço global entre as propostas habilitadas;
VP = valor do preço global da proposta em exame.

O índice técnico (IT) de cada proposta é determinado pela aplicação da seguinte fórmula:

$$T = \frac{NT}{MNT}$$

onde:
IT = índice técnico;
NT = nota técnica da proposta em exame;
MNT = maior nota técnica entre todas as propostas.

A nota técnica é definida por meio de uma média ponderada entre os critérios de avaliação (classificatórios) estabelecidos de acordo com a necessidade da aquisição. Na fórmula a seguir, foram escolhidos dois critérios (qualidade e prazo de entrega) e estabelecidos pesos de acordo com a importância de cada um. O resultado da soma ponderada deve ser dividido pela soma dos pesos, no caso 10 (7 + 3).

$$NT = \frac{7Q + 3E}{10}$$

onde:
NT = nota técnica da proposta em exame;
Q = pontuação obtida para a proposta no critério qualidade;
E = pontuação obtida para a proposta no critério experiência.

A atribuição de pontos para os critérios deve ser elaborada de forma objetiva. Assim, devem ser estabelecidas regras claras e transparentes para a pontuação. Por exemplo: para a contratação do coquetel de lançamento do livro, a pontuação para cada proposta recebida, para os dois critérios (qualidade e experiência), poderia ser como nos quadros 9 e 10.

Quadro 9
Pontuação para o critério qualidade

Descrição	Pontuação
1) O proponente apresentou equipe tendo mais de 85% dos profissionais com curso no Senac para as atividades que realizarão no coquetel	$Q1 = 10$
2) O proponente apresentou equipe tendo de 66% a 85% dos profissionais com curso no Senac para as atividades que realizarão no coquetel	$Q2 = 6$
3) O proponente apresentou equipe tendo de 56% a 65% dos profissionais com curso no Senac para as atividades que realizarão no coquetel	$Q3 = 3$

Quadro 10
Pontuação para o critério experiência

Descrição	Pontuação
1) O proponente realizou mais de 10 coquetéis nos últimos seis meses	$E1 = 10$
2) O proponente realizou de oito a 10 coquetéis nos últimos seis meses	$E2 = 6$
3) O proponente realizou de cinco a sete coquetéis nos últimos seis meses	$E3 = 3$

Para facilitar a comparação e equalização de preços, deve fazer parte da RFP um modelo de planilha a ser preenchida pelos proponentes, tal como o constante do quadro 11.

Quando os proponentes forem nacionais e internacionais, para a definição do critério de preço deverá ser considerada a moeda estrangeira como parâmetro. Sendo vencedor o fornecedor nacional, o resultado será convertido para a moeda corrente do país.

***

Neste capítulo, vimos a preparação do documento por meio do qual são solicitadas propostas aos potenciais fornecedores e a definição dos critérios de avaliação utilizados durante o processo de seleção de fornecedores.

Quadro 11

Exemplo de planilha resumo de proposta

<table>
<tr><td colspan="4">Quadro resumo da proposta</td></tr>
<tr><td colspan="4">Empresa:</td></tr>
<tr><td colspan="4">Quadro resumo do preço</td></tr>
<tr><td colspan="3">Descrição do item</td><td>Valor</td></tr>
<tr><td colspan="3">Realização de um coquetel para 100 convidados, com quatro variedades de bebidas e oito de aperitivos, com duração de duas horas, envolvendo a participação de 15 profissionais (cinco garçons, um supervisor, três profissionais de limpeza, quatro cozinheiros e dois profissionais do cerimonial)</td><td></td></tr>
<tr><td colspan="3">Valor da proposta (VP)</td><td></td></tr>
<tr><td colspan="4">Quadro resumo da pontuação técnica</td></tr>
<tr><td>Critério</td><td>Valor máximo</td><td>Valor alcançado pela proposta</td><td>Página da proposta que comprova a pontuação</td></tr>
<tr><td rowspan="4">Qualidade</td><td rowspan="4">10</td><td>Q1 =</td><td></td></tr>
<tr><td>Q2 =</td><td></td></tr>
<tr><td>Q3 =</td><td></td></tr>
<tr><td>Q =</td><td></td></tr>
<tr><td rowspan="4">Experiência</td><td rowspan="4">10</td><td>E1 (> 10) =</td><td></td></tr>
<tr><td>E2 (≥ 8 e ≤ 10) =</td><td></td></tr>
<tr><td>E3 (≥ 5 e ≤ 7) =</td><td></td></tr>
<tr><td>E =</td><td></td></tr>
<tr><td rowspan="4">Nota técnica da proposta</td><td rowspan="4">10</td><td>7Q =</td><td></td></tr>
<tr><td>3E =</td><td></td></tr>
<tr><td>Soma =</td><td></td></tr>
<tr><td>NT =</td><td></td></tr>
<tr><td colspan="4">Representante da empresa</td></tr>
</table>

No próximo capítulo, abordaremos o instrumento contratual e suas variáveis, termos, conceitos e componentes. Esse importante documento servirá como referência para a realização e administração do trabalho a ser executado.

3
O instrumento contratual

Este capítulo propõe esclarecer o significado e a importância do instrumento contratual e das condições nele inseridas, objetivando a manutenção do equilíbrio no relacionamento entre as partes contratantes.

Uma vez que em nosso país os negócios estão atrelados não só à vontade das partes, eles devem observar previsão legal para que seu conteúdo não seja considerado nulo ou anulável. É importante destacar esse aspecto, já que a elaboração do contrato para consolidar interesses mútuos (fornecedor e cliente) é pautada no rigoroso cumprimento desses preceitos, cuja inobservância pelas partes pode deflagrar a sensação de que sua assinatura foi decorrente de pressupostos legais relacionados com a má-fé contratual e a coação de direito, conforme veremos nos desdobramentos do assunto.

Escrever um instrumento contratual requer uma visão circular de todo o projeto e de todas as suas implicações técnicas, financeiras e legais.

A importância do instrumento contratual

No contexto do gerenciamento de projetos, é importante elaborar, negociar e concluir um instrumento contratual adèquado. As cláusulas e condições devem estar perfeitamente conexas e, mais importante, conter as diretrizes claras do que o cliente quer atingir ao encontrar o fornecedor capaz de atender às suas expectativas. Assim, podemos afirmar que não existem cláusulas e condições supérfluas num contrato, seja ele bem ou mal escrito, já que todas elas estão ali para estabelecer o nexo causal necessário que propiciará o sucesso ou insucesso da relação contratual. Podemos fazer uma analogia com a dinâmica do corpo humano, em que todos os vasos são comunicantes, sendo que a falha de um deles pode acarretar riscos ao funcionamento dos demais.

Tem maior probabilidade de chegar a seu termo sem grandes percalços para as partes envolvidas e com vantagens para o sucesso do empreendimento um instrumento bem escrito, consistente, embasado nas necessidades do projeto, com respaldo em normas legais aplicáveis tanto em relação às regras relacionadas com sua estruturação propriamente dita como também no tocante aos bens ou serviços a serem adquiridos.

Na maioria das vezes, as divergências entre as partes contratantes decorrem de uma montagem equivocada dos contratos que serviram de referência para a viabilização das aquisições.

Podemos definir o contrato como um instrumento legal – já que regulado pelo Código Civil Brasileiro (CCB) de 2002 – contendo um conjunto de cláusulas e condições por meio das quais as partes, de comum acordo, estabelecem as regras que devem nortear sua implementação de forma a obter o resultado esperado, que é seu encerramento sem problemas, e impedir impasses que, como consequência, inviabilizem ou atrasem a implementação do projeto.

Para delimitar o fornecimento de produtos e serviços e controlar sua execução, é pré-requisito que o responsável pela elaboração do instrumento contratual tenha conhecimento do projeto em que está inserida a aquisição correspondente, de forma a observar os requisitos legais, administrativos, técnicos e conceituais necessários à sua proteção. Por envolver diversas facetas que impõem a construção de linguagem técnica, comercial e legal cuidadosa, o contrato deve ser preparado por um especialista, não necessariamente um advogado. Esse especialista deve elaborá-lo com o acompanhamento do gerente do projeto, à luz das informações recebidas das áreas envolvidas, devendo o instrumento ser um corpo único, indissociável e adequadamente articulado.

As formas de contrato

É da natureza do contrato ser multilateral (duas partes, no mínimo) e sinalagmático (implementado com a aceitação das partes). O CCB dispõe sobre a existência de formas diferenciadas de contratação, ou seja, o contrato formal e escrito e o contrato tácito, verbal ou informal.

Os contratos formais são aqueles que observam as formalidades previstas no CCB, cujas condições podem estar descritas não só em um instrumento com cláusulas e condições bem definidas, mas também em uma singela correspondência, sendo que a anuência do recebedor da mesma configura a aceitação e o início da contratação.

O contrato tácito, também previsto no CCB, se traduz por uma manifestação não formal e, às vezes, silenciosa, que ocorre quando uma das partes solicita à outra o fornecimento de um determinado produto e/ou serviço e esta concorda em implementar o solicitado. No entanto, de acordo com o art. 60 da Lei de Licitações e Contratos, em seu parágrafo único,

> é nulo e de nenhum efeito o contrato verbal com a Administração, salvo o de pequenas compras de pronto pagamento, assim entendidas aquelas de valor não superior a 5% (cinco por cento) do limite estabelecido no art. 23, inciso II, alínea "a" desta Lei, feitas em regime de adiantamento.

Existem, porém, certos contratos de fornecimento de produto ou serviço em que a formalidade é essencial para que eles tenham validade diante de terceiros. Podemos destacar: o licenciamento de programas de computador, a aquisição de bens imóveis, a transferência de tecnologia e o licenciamento de marcas e de patentes a terceiros.

Os contratos, sejam formais ou tácitos, são enquadrados em diferentes tipos ou espécies.

Os tipos de contrato pelo PMBOK®

Para o PMBOK® (PMI, 2017:363-364), os contratos são de três tipos, no que se refere ao método de precificação:

- contratos de preço fixo ou global (*lump sum*) – envolvem um preço fixo para um produto ou serviço bem definido;
- contratos de custos reembolsáveis ou por administração (*cost plus*) – envolvem o pagamento (reembolso) para o fornecedor pelos custos reais incorridos acrescidos de uma remuneração que normalmente representa um percentual do custo ou valor fixo de administração;
- contratos por tempo e material (T&M – *time and material*) – possuem elementos de um contrato a preço fixo (no preço fixado por hora ou por unidade de material) e de um contrato de custo reembolsável (em função da incerteza da quantidade e, portanto, do custo total).

É possível, em um mesmo contrato, haver diferentes métodos de pagamento, dependendo do escopo envolvido. Por exemplo: pode ser estabelecido um preço fixo para o desenvolvimento de um *software* e um preço unitário (por homem/hora ou por ponto de função, que é uma métrica funcional para tamanho de *software*) para as mudanças de escopo durante a execução do contrato. O CCB dispõe sobre a tipicidade dos contratos e estabelece modalidades de contratos a serem observadas na consecução de negócios a serem firmados entre empresas nacionais. Entre elas, destacamos o contrato de empreitada, que privilegia no seu conteúdo e na sua formatação o bem ou serviço a ser entregue, destacando alternativas a serem observadas no tocante a sua implementação, levando em consideração o grau de especificação do bem ou serviço, a complexidade da obra, o limite orçamentário definido e o prazo de execução a ser exigido.

Riscos associados aos tipos de contrato

A equipe do projeto deverá escolher qual tipo de contrato será o selecionado para ultimar a contratação, pois, dependendo do que for escolhido, o risco associado ao contrato poderá ser maior ou menor.

Como vimos, no âmbito do PMBOK® existem três grandes categorias (tipos) de contrato: preço fixo ou global; por administração ou custo reembolsável; e tempo e material ou preço unitário. Cada um deles apresenta um grau de risco para o projeto. A escolha do tipo de contrato a ser usado em uma aquisição está intimamente relacionada à existência ou não de uma definição do escopo para o que necessita ser contratado e à estratégia da organização para a realização do projeto. Por exemplo: mesmo com o escopo bem definido, algumas organizações podem preferir a utilização de contratos de custo reembolsável em função da flexibilidade que terão para aumentar ou diminuir os pagamentos ao fornecedor, fazendo-os proporcionalmente aos recursos utilizados.

Contratos de preço fixo ou global envolvem maior grau de risco financeiro para os fornecedores e menor para os clientes, uma vez que o escopo é definido no contrato, assim como preço, prazo e qualidade. Logo, caso o custo do fornecimento fique acima do previsto pelo fornecedor, o cliente não tem a obrigação de pagar além do estabelecido, uma vez que o preço foi ajustado no contrato. Assim, o preço apresentado pelos fornecedores, normalmente, já considera os riscos associados a esse tipo de contrato. Uma situação que normalmente ocorre é o descumprimento dos prazos pelo fornecedor, situação que poderá redundar na aplicação de multas contratuais, minimizando as perdas do cliente em decorrência do atraso e diminuindo, consequentemente, o recebimento do preço ajustado pelo fornecedor. Mesmo com a possibilidade de atrasar o projeto, o cliente, eventualmente, não sofrerá impactos financeiros se ele tiver margem de tempo para se recompor e, caso o atraso do fornecedor prejudique operações do cliente, cláusulas contratuais poderão constar no contrato para o devido ressarcimento em casos de prejuízos indiretos decorrentes do descumprimento do contrato. É importante ressaltar que o objetivo principal do contratante é a obtenção dos produtos e/ou serviços constantes do escopo em conformidade com as necessidades do projeto, e não os ressarcimentos decorrentes de penalidades impostas ao fornecedor.

De acordo com essa visão, contratos de preço fixo ou global tendem a ser preferidos pelos clientes, pois o serviço ou produto bem definido será entregue com base no que já está acordado entre as partes, incluindo os aspectos financeiros ali estabelecidos. Embora assuma esse risco, o fornecedor é compensado pelo grande potencial de lucro, uma vez que pode incorporar em seu preço as margens de segurança para fazer face aos seus riscos. Esse tipo de contrato só deve ser utilizado quando o escopo estiver bem definido.

Apesar do cenário positivo para esse tipo de contrato, algumas ameaças podem inviabilizar sua utilização. O quadro 12 relaciona essas ameaças e as possíveis respostas quando da contratação.

Quadro 12
Ameaças e respostas no contrato de preço fixo

Ameaças	Respostas
Não haver escopo definido	Utilizar outro tipo de contrato ou definir o escopo
Falha na definição do escopo do trabalho a ser contratado	Executar uma definição de escopo mais apurada, tendo maior qualidade na especificação (*statement of work* – SOW) do que será contratado
Tempo longo para a definição do escopo e da empresa a ser contratada	Antecipar o processo de definição do escopo e seleção de fornecedores
O fornecedor ter elaborado uma proposta inexequível	Utilizar adequado processo de seleção e incluir no contrato cláusulas que mitiguem o risco de o fornecedor não cumprir com suas obrigações
O fornecedor diminuir a qualidade para auferir maior lucro	Utilizar um adequado processo de seleção do fornecedor Realizar auditorias de qualidade Controlar a qualidade das entregas realizadas

Várias oportunidades estão atreladas a esse tipo de contrato:

- definição clara do item que será fornecido;
- conhecimento técnico pleno do cliente em relação ao que será fornecido;
- definição clara dos objetivos de prazo, custo e qualidade;
- acompanhamento mais simples em função da clara definição do escopo do trabalho;
- visão clara e objetiva dos resultados obtidos para a conclusão das tarefas;
- preço e prazo fixos para o trabalho, devendo o fornecedor arcar com falhas e riscos de execução.

Já os contratos por administração ou custo reembolsável, tais como descritos no PMBOK®, são utilizados principalmente quando o escopo ainda não está definido, o que dará certa garantia ao fornecedor para continuar executando sem o comprometimento financeiro. Porém eles envolvem maior grau de risco financeiro para o cliente, pois quanto maior o gasto do fornecedor, maior será o desembolso, acrescido de um percentual ou taxa como forma de remuneração do contratado. Esse tipo de contrato é o menos utilizado pelos clientes, pois não cria incentivos para que o fornecedor economize; muitas vezes pode ocorrer o contrário: o fornecedor vir a gastar ainda mais para aumentar o percentual e, consequentemente, sua remuneração.

O benefício na seleção desse tipo de contrato para o contratante/cliente, além de outros que serão citados, é poder elaborar progressivamente o escopo do produto ou serviço, em paralelo à sua execução. Ameaças, porém, estão a ele atreladas e devem ser adequadamente analisadas pela equipe do projeto. No quadro 13 podem ser vistas algumas dessas ameaças e as possíveis respostas.

Quadro 13

Ameaças e respostas no contrato por administração

Ameaças	Respostas
O custo exceder o orçamento previsto para a contratação	Definir cláusula contratual que incentive o fornecedor a economizar
A contratada não se preocupar em fazer a melhor subcontratação	Exigir, em cláusula contratual, que as subcontratações sejam aprovadas pelo cliente
Apropriação de despesas não inerentes ao projeto	Fazer auditoria e, eventualmente, contratar empresa para fiscalização

Apesar de ser o tipo de contrato de maior risco para o contratante, ele poderá ser selecionado baseado em algumas oportunidades, como:

- maior agilidade para iniciar o trabalho;
- o cliente foca o objetivo da contratação (o produto ou serviço final), e não os meios de produção utilizados pelo fornecedor;

- flexibilidade para aumentar ou diminuir o escopo do trabalho e, consequentemente, os recursos associados às atividades sem afetar financeiramente o fornecedor;
- flexibilidade para o fornecedor executar a tarefa e utilizar sua criatividade;
- maior agilidade para aprovação de mudanças;
- menor tempo de entrega do produto ou serviço por meio da utilização de incentivos.

Os contratos por preço unitário têm um risco médio em relação aos supracitados em razão de possuírem elementos de um contrato a preço fixo (no preço fixado por hora ou item de material) e de um contrato de custo reembolsável (pelo fato de o custo total ser desconhecido), pois dependerá da quantidade total dos produtos ou serviços encomendados ao fornecedor. Assim, possuem algumas ameaças e oportunidades dos dois tipos de contratos.

Algumas variações desses tipos de contratos podem ser utilizadas para minimizar os riscos para o cliente, tais como a utilização de incentivos financeiros, baseados em alguma meta, para que os fornecedores gastem menos, como no caso dos contratos de custo reembolsável e preço unitário. É uma opção para os contratos envolvendo compartilhamento de riscos, nos quais contratante e contratado, nesse caso parceiros, podem lucrar e repartir os ganhos de acordo com o capital investido ou arcar com os prejuízos, também devidamente divididos, decorrentes do fracasso do projeto.

Para contratos de preço fixo ou global nos termos do Guia PMBOK®, podem ser utilizados incentivos financeiros com o propósito de estimular a conclusão das atividades o mais rapidamente possível pelo fornecedor, visando atingir ou superar algumas metas estipuladas pelo cliente. Por exemplo: para cada dia de entrega antecipada, o fornecedor ganharia certa quantia como bônus, além do preço fixo estipulado em contrato. Essa quantia seria definida previamente pelo cliente, uma vez que seu objetivo é um resultado "ganha/ganha", ou seja, não só o fornecedor poderá ganhar mais em função da antecipação de uma quantia estabelecida, como o cliente também se beneficiará financeiramente com a antecipação das metas.

A figura 8 destaca os tipos de contrato e o correspondente grau de risco financeiro para o projeto (contratante) e para o fornecedor (contratado).

Figura 8
Grau de risco financeiro nos tipos de contrato

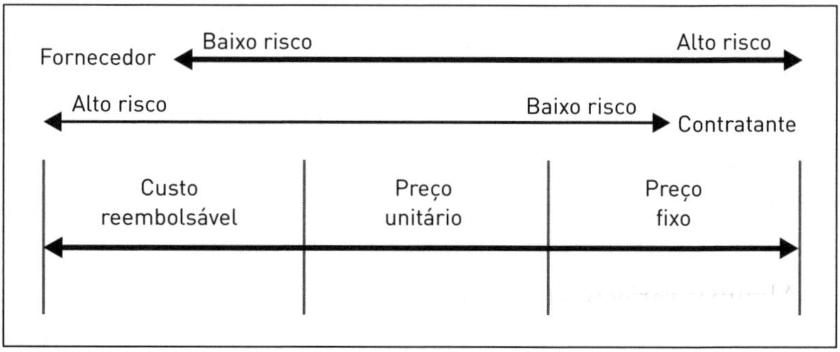

Além dos riscos associados aos contratos, vários outros, associados ao processo de aquisição, podem e devem ser analisados pela equipe do projeto. Assim, a equipe deve identificar respostas aos riscos que sejam capazes de minimizar seu impacto, e até mesmo de anulá-los, por meio da mitigação e transferência ou, ainda, evitando seus efeitos danosos sobre o projeto.

Algumas ações poderão diminuir o risco do processo de aquisição, como:

- definição correta das especificações;
- adequado processo de seleção de fornecedores, utilizando pré-qualificação ou critérios de avaliação (obrigatórios e facultativos);

- adição de cláusulas contratuais que protejam os principais objetivos do projeto e os direitos daí decorrentes;
- correta administração do contrato.

Cada tipo de aquisição irá requerer um tipo de contrato. O gerente do projeto é o responsável pela definição do tipo de contrato que será utilizado, assegurando que seja compatível com as características e necessidades inerentes a cada aquisição. Até mesmo contratos de custo reembolsável, que são os menos desejados pela equipe de projetos em função da falta de informação com relação aos prazos e custos previstos, podem ser necessários diante de situações e realidades específicas de cada caso. Dependendo da dimensão e complexidade do empreendimento, o gerente do projeto deverá verificar e aprovar, com os principais interessados no projeto, a escolha do tipo de contrato.

Contratos típicos e atípicos no direito brasileiro

De acordo com o CCB, os contratos no direito brasileiro podem ser típicos e atípicos. Diz-se que um contrato é típico quando as condições nele contidas observam os preceitos legais atinentes à sua denominação individual, à sua construção e ao seu conteúdo. Acontece que o crescimento dos negócios nacionais e internacionais determina a criação de novas relações jurídicas que não se encontram previstas na legislação de suporte e cujos contratos, pelas suas características, não foram assim tipificados, sendo então chamados de atípicos. Eles foram contemplados no CCB, especificamente no art. 425, que dispõe: "é lícito às partes a celebração de contratos atípicos, desde que observadas as normas gerais fixadas neste Código". Por conseguinte, os contratos – embora não tipificados na norma civil, já que decorrem da autonomia da vontade privada, em razão da qual as partes possuem ampla liberdade de ajustar as condições mais relevantes – para serem lícitos, devem observar os princípios gerais relativos aos contratos contidos no CCB.

O CCB lista, de forma taxativa, os contratos típicos (que serão citados no próximo subitem), estabelecendo as premissas legais para sua conceituação. Isso não significa que as regras contidas nos pertinentes capítulos sejam exaustivas, considerando que, além delas, o próprio texto legal dispõe de informações gerais a respeito de contratação. Os contratos atípicos não foram relacionados pelo CCB, sendo que sua nomenclatura e sua especificidade se vinculam à natureza da operação específica a eles atinente, devendo ser observados os princípios gerais ali estatuídos. Da liberdade de disposição contratual, também presente nesses princípios, surge o problema de como solucionar conflitos nos contratos atípicos. Por conseguinte, é pressuposto essencial que as partes contratantes sejam cuidadosas e minuciosas na celebração, de forma que as condições pactuadas não venham a ser consideradas nulas caso ocorram disputas que necessitem de uma interpretação jurídica das relações existentes.

Um ponto importante a ser destacado é que, de acordo com o art. 422 do CCB, as partes contratantes "são obrigadas a guardar, não só na conclusão dos contratos, como na sua execução, os princípios da probidade e da boa-fé". Alguns contratos atípicos, segundo Gomes (1996), são os de: hospedagem, excursão turística, claque, equipe, exposição, embalagem, competição esportiva, guarda e limpeza de veículos, publicidade e aluguel de cofre bancário. Acrescentamos a estes, mas sem esgotá-los, a franquia, o *leasing* (arrendamento mercantil), o consórcio, a locação de lojas em centros comerciais, o contrato EPC (*engineering*, *procurement and construction*), o *service level agreement* (contrato de nível de serviço), as sociedades de propósitos específicos (SPEs), as parcerias público-privadas (PPPs), as concessões e as permissões. Apesar de a citada lei civil definir regras gerais, próprias e obrigatórias para a contratação do fornecimento de produtos e serviços, ela libera as partes para ajustar as condições que sejam mais adequadas aos seus interesses particulares. Importante é salientar que o conteúdo do instrumento contratual depende das características do produto ou serviço que se pretende adquirir, da natureza jurídica das partes contratantes e das especificidades do projeto.

Os contratos típicos

O CCB classifica os contratos considerados típicos em 23 espécies, estabelecendo, para cada uma delas, determinadas características e funções. Para a finalidade deste livro, destacamos algumas espécies.

Contrato de compra e venda

Nesse contrato, uma das partes se obriga a transferir à outra o domínio (propriedade) de certa coisa e a que recebe deverá pagar o preço correspondente.

Locação de coisas

Nessa espécie de contrato, "uma das partes se obriga a ceder à outra, por tempo determinado ou não, o uso e gozo da coisa não fungível, mediante certa retribuição" (CCB, art. 565). Não ocorre a transferência da propriedade, ficando esta com o locador da coisa.

Empréstimo: comodato e mútuo

Comodato é o empréstimo gratuito de coisas não fungíveis, isto é, de coisas não consumíveis, que não podem ser substituídas (cadeiras, equipamentos, imóveis, marcas). As despesas para manutenção da coisa são de responsabilidade exclusiva do comodatário (beneficiário do empréstimo).

Mútuo é o empréstimo de coisas fungíveis, isto é, de coisas consumíveis, que desaparecem com o uso (por exemplo: um saco de cimento). Sua característica essencial é a substituição do produto. O mutuário é obrigado a restituir ao mutuante o que dele recebeu, não a mesma coisa, uma vez que ela desaparece com o uso, mas outra que seja do mesmo gênero, de mesma qualidade e quantidade.

Prestação de serviços

Significa toda espécie de serviço ou trabalho lícito que pode ser contratado, mediante retribuição, excetuados os que não estiverem sujeitos às leis trabalhistas ou lei especial. A prestação de serviços não poderá ser convencionada por mais de quatro anos, embora o contrato tenha por causa a execução de certa e determinada obra, sendo que, nesse caso, dar-se-á por concluído o contrato ainda que não terminada a obra. Caso não tenha prazo, o contrato se resolve por aviso prévio feito pela parte interessada em seu término. Como exemplo, podemos citar os serviços advocatícios e de arquitetura, em que a busca é por profissionais qualificados, que podem estar revestidos ou representados por sociedades civilmente constituídas, que são as sociedades simples.

Empreitada

Essa espécie de contrato é muito comum nas aquisições para projetos. O empreiteiro de uma obra pode contribuir somente com seu trabalho ou com ele e os materiais, sendo que, nessa hipótese, deverá claramente expressar tal condição no contrato ou observar previsão legal sobre o assunto.

Nos contratos de empreitada de edifícios ou outras construções consideráveis, o empreiteiro de materiais e de execução deve observar o cumprimento das seguintes obrigações, entre outras que venham a ser deliberadas pelas partes contratantes:

- responder, durante o prazo irredutível de cinco anos, pela solidez e segurança do trabalho, no tocante ao material e ao solo. O CCB revogou artigo que fixava, no instrumento legal vigente, em 20 anos o prazo acima destacado para materiais. É silente a norma legal no tocante aos equipamentos e outros;
- manter o preço inalterado, caso o preço da obra seja fixado (*lump sum*) e ela venha a ser executada com base na especificação do seu dono, ainda que sejam introduzidas modificações no projeto e elas resultem de determinação escrita do demandante dos serviços;
- repactuação do preço, a pedido do demandante da obra, caso ocorra a diminuição do preço do material e da mão de obra disponibilizada, e que a mesma seja superior a um décimo do preço global convencionado, para que seja assegurada a diferença apurada.

Sem anuência do seu autor (direito moral e crédito), o projeto de engenharia desenvolvido não pode ser alterado pelo demandante da obra, ainda que a execução seja confiada a terceiros, exceção feita a razões de ordem técnica que demonstrem a necessidade de manter a integridade da obra.

Contrato de empreitada de mão de obra

Na prestação de serviço com o fornecimento de mão de obra, a empresa prestadora disponibiliza seu pessoal, e o pagamento é efetivado pela apropriação das horas trabalhadas num determinado período. Nessa hipótese, quem corre o risco é o tomador dos serviços, uma vez que paga sem necessariamente receber o resultado esperado. O contrato deve estabelecer um cronograma físico bem delineado, fazendo-se a apropriação das horas do pessoal envolvido ao término de cada evento físico, que depois de verificado e aprovado, será faturado e pago com base no preço unitário do homem/hora, ou de sua categoria profissional, multiplicado pelo número de horas trabalhadas.

O prestador ou fornecedor de bens e serviços deverá exigir a aceitação parcial em cada uma das etapas concluídas e pagas e definir um período de garantia para eventuais ajustes. Os custos diretos e indiretos devem estar incluídos na hora do profissional.

Contrato de empreitada mista

Empreitada mista é aquela em que o empreiteiro fornece mão de obra e material. De acordo com o art. 611 do CCB,

> quando o empreiteiro fornece os materiais, correm por sua conta os riscos até o momento da entrega da obra, a contento de quem a encomendou, se este não estiver em mora de receber. Mas se estiver, por sua conta correrão os riscos.

É importante salientar que a norma civil destaca apenas os materiais e não menciona os equipamentos. Isso pode acarretar certa confusão e, sendo assim, devem ser observadas as condições do contrato firmado com o fornecedor.

Contrato de empreitada a preço global

Na hipótese em tela, o prestador do serviço apresenta preço fechado para a execução do objeto a ser contratado, arcando com os riscos da diferença do valor orçado em relação aos custos reais.

Nesse tipo de contrato, as etapas de execução devem estar claramente estabelecidas, porém o que importa é a entrega da obra, observado o preço acordado. A aceitação só será dada no final.

Contrato de empreitada por etapas

Hipótese em que o desenvolvimento do projeto se faz por etapas, que serão pagas após aceitas. As aceitações serão definitivas e, após sua efetivação, o tomador não poderá exigir modificações ou alterações, a não ser que haja a ocorrência de vício não previsto quando da entrega.

Contrato de empreitada por preço unitário

Nesta espécie de contrato, o pagamento se faz em função da medição das quantidades utilizadas e do preço unitário pactuado.

Os contratos atípicos

Considerando a prerrogativa legal de se estabelecerem contratos atípicos, listamos a seguir alguns deles.

Contrato EPC (engineering, procurement and construction)

Nessa modalidade de contratação, a empresa contratada fica responsável pela engenharia, aquisição e construção e, portanto, com o risco do funcionamento/integração das partes. Segundo Huse (2002), contrato EPC e contrato *turnkey* são sinônimos. No Brasil, como esses termos não constam do CCB, ocorrem diversas implementações deles. O *turnkey* será descrito adiante como um contrato do tipo EPC em que o empreendimento é entregue funcionando, mas o contratante/cliente não fiscaliza ou interfere na metodologia da empresa contratada/fornecedora, que tem autonomia, por exemplo, para subcontratar tarefas. Por exemplo: quando a Petrobras contrata a construção de uma plataforma de petróleo utilizando vários fornecedores (jaquetas e estacas, módulo de compressão, módulo de geração e instalação, integração e comissionamento), o contrato não é *turnkey* porque ela fiscaliza e interfere no gerenciamento da contratada. Os contratos, individualmente, são denominados EPC, pois o cliente entrega um projeto básico e alguns equipamentos/materiais, ficando o contratado responsável pelo projeto executivo, contratação de pessoas, materiais e demais equipamentos, construção e montagem.

Huse (2002) faz referência também ao EPCM. Nesse caso, o contratado assume responsabilidade pela supervisão ou gerenciamento (*management*), mas não pela construção em si.

Contrato turnkey

O *turnkey* é um contrato em que o empreendimento é entregue pronto, acabado e operando, e são estabelecidas taxas de sucesso ou garantias de desempenho (*performance bond*), sem que o contratante interfira no gerenciamento da contratada. As traduções mais utilizadas desse tipo de contrato são: virando a chave, chaves na mão ou porteira fechada. Segundo Huse (2002), é a forma mais extrema de colocar para o contratado a responsabilidade do projeto e da construção e, normalmente, o pagamento é feito por preço global (*lump sum*), originando o contrato *lump sum turnkey* (LSTK). Nesse caso, é muito maior a importância da etapa de definição dos requisitos pelo contratante (capacidade e desempenho desejados) durante a solicitação de propostas.

Os contratos do tipo *turnkey lump sum* englobam, portanto, o fornecimento integral do projeto executivo (em alguns casos, do projeto básico também), dos materiais e equipamentos, da construção, montagem e colocação em operação por um único fornecedor, e seu preço é global. A proprietária (contratante) transfere para a contratada (chamada "epecista") os riscos e a responsabilidade pela entrega do projeto concluído na data contratual, em funcionamento e com o desempenho estabelecido no contrato.

Não existe um padrão universal de contrato com fornecimento integral e preço global (EPC – *turnkey lump sum*), porém, a International Federation of Consulting Engineers (Fidic – www.fidic.org), em seu *Livro prateado* (*The silver book*), estabelece um modelo de contrato EPC e detalha suas condições, além de definir alguns conceitos fundamentais para o entendimento de EPC. O contratante/cliente fica isento de pagamento por qualquer gasto extra, porém a empresa contratada/fornecedora tem autonomia para repassar tarefas a outras empreiteiras (reduzindo custos com isso) e fica responsável pela fiscalização de seu próprio serviço.

O termo *turnkey* não é exclusivo da área de engenharia. Na área de tecnologia da informação, envolvendo desenvolvimento de sistemas e *software*, por exemplo, uma solução *turnkey* é aquela que inclui projeto, infraestrutura e desenvolvimento, de modo que seja entregue ao cliente uma solução completa e pronta para o uso. Um exemplo elucidativo é o do cliente que se dirige a uma concessionária de automóveis e encomenda um carro. Ele será entregue dias depois. O cliente vai virar a chave (*turnkey*) e sair com o carro funcionando. Nesse caso, o cliente não entrou no mérito de como o carro foi construído, não fiscalizou e não influenciou sua fabricação.

Tanto o modelo EPC quanto o *turnkey* devem contemplar os aspectos comerciais, técnicos e jurídicos do empreendimento, sendo que as regras do CCB podem servir de referência, mas não necessariamente precisam ser observadas de forma objetiva. O que vale, portanto, é a consistência das obrigações e dos direitos contidos nos instrumentos contratuais que dão suporte ao empreendimento. As partes contratantes devem levar em consideração, na análise das cláusulas desse tipo de contrato, as condições dos fornecedores diretos do "epecista", de forma a avaliar as garantias por ele atribuídas.

As obras sob a responsabilidade de um empreiteiro ("epecista") podem ser ou não caracterizadas como uma operação financeira, isto é, podem ser financiadas pelos controladores ou podem ser estruturadas por um *project finance*. Os financiadores observam a situação do fluxo de caixa da empresa financiada. Em outras palavras, nas obras estruturadas por *project finance*, os financiadores não estão somente preocupados com os ativos incorporados ao projeto, mas com a capacidade atrelada a esses ativos para gerar receita decorrente da operação e implementação do empreendimento. Assim, qualquer risco inerente ao projeto assume uma importância maior na avaliação dos financiadores, incluído o risco jurídico, uma vez que sua ocorrência necessariamente afetará a capacidade do fluxo de caixa, dificultando o pagamento das obrigações de empréstimo pelo tomador. Todos os direitos e expectativa de direitos podem (e muitas vezes devem) ser cedidos, de forma imediata ou condicional, aos financiadores, com o conjunto de garantias de que eles se cercam, razão pela qual em vários contratos há a interveniência dos financiadores para conhecer seus termos.

Acordos de aliança

Os acordos de aliança surgiram na indústria de bens de capital na década de 1980 como parte do processo de *outsourcing* (terceirização). Foram adaptados para projetos EPC de instalações *offshore* no mar do Norte, na década de 1990, com o objetivo de reduzir seus custos e viabilizá-los com menor nível de risco, tanto para o contratante quanto para o contratado. Essa modalidade contratual se caracteriza pela execução do projeto EPC por uma equipe integrada (composta pelos melhores profissionais do contratante e do contratado) e responsável pela elaboração de engenharia, planejamento, orçamento e análise de risco, conciliando visões e necessidades de ambas as partes. É composta por pessoas com grande capacidade de comunicação e criatividade, concentradas nos aspectos de construtibilidade, adequação ao uso e eficácia de custo, tendo como resultado a aproximação dos valores de custo total real do projeto com seu estudo de viabilidade técnico-econômica (EVTE) e a criação de uma relação "ganha/ganha" para os parceiros.

*Contrato de nível de serviço (*service level agreement *– SLA)*

Outro contrato atípico que vem sendo muito utilizado, principalmente na área tecnológica, é o contrato de nível de serviço (*service level agreement*). Os avanços na área de tecnologia da informação tornam cada vez mais complexo o acompanhamento de serviços dessa natureza. Para manter íntegros seus sistemas e garantir um funcionamento seguro, muitas organizações têm terceirizado essa atividade, entregando seu desenvolvimento a empresas especializadas, capazes de executar um serviço melhor e a preços mais convidativos. Desse modo, podem se concentrar na sua atividade principal, limitando-se a gerenciar o desempenho dessas contratadas. O SLA representa um modelo para gestão de contratos de terceirização em que os envolvidos podem definir quais os serviços e os níveis de atendimento abrangidos.

Assim, para garantir os níveis de qualidade dos serviços, são firmados os acordos de nível de serviço (SLA), ou seja, o prestador de serviço e o usuário firmam um pacto, definindo os indicadores de qualidade e os níveis que eles devem possuir.

Uma condição precípua desse contrato é o estabelecimento de regras que contemplem os níveis de serviço esperados pelo cliente. O fornecedor deve apresentar os requisitos em que estejam caracterizados, de forma clara, os parâmetros objetivos para avaliação de seu desempenho, entre os quais devem ser destacadas a disponibilidade de infraestrutura e comunicações, a confidencialidade e a segurança dos dados que permitem medir a qualidade do serviço, parâmetros esses que serão monitorados durante a vigência do contrato. Dessa forma, o contrato de SLA especifica os níveis de serviço ou padrões de desempenho, passando a ser uma peça fundamental na comunicação e no negócio da empresa.

A construção do contrato chega ao final mediante o estabelecimento de indicadores de desempenho, sendo cláusulas essenciais: o objeto, a descrição dos serviços, o controle de frequência desses serviços, o estabelecimento de parâmetros em que constem as variações mínimas e máximas a serem alcançadas nos períodos de medição do desempenho das atividades, as penalidades, os prêmios e as responsabilidades daí decorrentes.

Contrato offset

É também conhecido como contrato de contrapartida ou compensação e foi criado pela Uncitral (Comissão de Direito Comercial Internacional da ONU), com a finalidade de resolver embates existentes no tocante à jurisdição dos atos em negócios internacionais.

Trata-se de um acordo de contrapartidas, por meio do estabelecimento de regras de vontades nas quais uma das partes oferece onerosamente bens e serviços e/ou direitos, e a outra, em contrapartida, é contratada por aquela para que providencie os bens e serviços e/ou direitos. Por exemplo, uma empresa estrangeira disponibiliza a tecnologia que possui, abrindo-a para ser desenvolvida no território nacional e a receptora da tecnologia se compromete a fornecer essa tecnologia como contrapartida.

Uma das características deste tipo de contrato é que envolve a transferência de tecnologia, incluindo patentes e *know-how*, bem como a assistência técnica e gerencial.

Contratos tecnológicos

Ainda no contexto da tecnologia inovadora, várias inovações vêm sendo desenvolvidas, necessitando de formatação de contratos próprios para dar guarida e proteção aos direitos das partes. Neste caso, podemos citar os contratos relacionados com a inteligência competitiva, em que se estabelecem condições de utilização da capacidade tecnológica para aferição de dados e valores determinados. Podemos também citar os contratos de internet das coisas, modalidade que exige não só a licença do uso da tecnologia, mas cuidados em relação à forma de consecução dos objetivos a serem atingidos. Ainda nesse alinhamento, mas sem exaurirmos as possibilidades, podemos citar os contratos com moedas virtuais, que determinam a forma de participação nesse universo e as cautelas a serem adotadas para obtenção de resultados seguros.

Parceria público-privada (PPP)

Entre as novas formas de participação da iniciativa privada em projetos dos governos federal, estaduais ou municipais, encontramos a parceria público-privada, cujas regras estão inseridas na Lei nº 11.079, de 30 de dezembro de 2004, que "instituiu as normas legais para licitação e contratação das PPPs, no âmbito da administração pública".

A PPP é um "contrato administrativo de concessão, na modalidade patrocinada ou administrativa" (Lei nº 11.079/2004, art. 2º). Quem rege as concessões e permissões é a Lei nº 8.987, de 13 de fevereiro de 1995, que "dispõe sobre o regime de concessão e permissão de prestação de serviços públicos, previsto no art. 175 da Constituição Federal e dá outras providências". Essa norma legal define a natureza da concessão e permissão, sendo que, para os fins nela dispostos, concessão é a prestação de serviço por empresa privada por delegação de ente público, em caráter provisório. A permissão também é definida na norma legal citada, tendo a mesma finalidade que a concessão, com a diferença de que é conferida em caráter precário, ou seja, para atender a uma emergência de interesse do ente concedente. Para escolha da concessionária, a regra do processo licitatório é a concorrência; para a permissionária, aplicam-se os demais tipos de licitação legalmente autorizados.

É importante salientar que tanto a concessionária quanto a permissionária recebem outorga para explorar serviço público, ficando claro que a atividade que desempenham é intrínseca dos entes públicos, os quais, impossibilitados economicamente de assumir os encargos a eles inerentes, transferem por período certo essa atribuição à iniciativa privada, que deverá desenvolver a atividade de acordo com as condições estabelecidas no contrato. Em decorrência, o ente concedente tem o direito de fiscalizar e de aplicar penalidades para que o serviço seja desenvolvido com qualidade e presteza, respondendo a concessionária e/ou permissionária pela não observância das exigências impostas contratualmente por aquele.

Resumidamente, a PPP é uma modalidade de contratação em que os entes públicos e as organizações privadas, mediante compartilhamento de riscos e com financiamento obtido pelo setor privado, assumem a realização de serviços ou empreendimentos públicos em diversos segmentos. Aplica-se às PPPs o disposto na Lei de Licitações e Contratos e, no caso de concessões e permissões de serviços públicos, o disposto nas Leis nº 8.987/1995 e nº 9.074/1995.

Sociedade de propósito específico (SPE)

A lei que promulgou as parcerias público-privadas também estabeleceu a forma societária que deveria regular as parcerias entre a administração pública e a iniciativa privada, que devem se revestir da forma de sociedades de propósito específico. Essa norma legal reproduziu exigência contida na Lei de Concessões (nº 9.074/1995), que, entre outros dispositivos, determinou que as empresas que viessem a participar das licitações deveriam se consorciar e, se vencedoras, deveriam constituir uma empresa de propósito específico que pudesse separar os capitais, os recursos e as aptidões, concentrando todo o esforço no objetivo do contrato público celebrado.

Consórcio

O consórcio está regulado pela Lei das S.A. (nº 6.404/1976) e consiste em um contrato associativo sem personalidade jurídica, com duração determinada, que tem por objeto a consecução de empreendimento que supere a capacidade empresarial de cada sociedade isolada. As sociedades consorciadas serão beneficiadas individualmente e terão total autonomia quanto à administração de seus negócios, obrigando-se aos estritos termos e limites previstos no respectivo contrato social. Elas podem ter responsabilidade solidária e têm, perante terceiros, personalidade judicial e negocial expressa por uma representação decorrente do mandato das consorciadas e por uma administração organizada. As prestações de cada consorciada não se fundem nem se confundem. Deverão constar do instrumento contratual as contribuições pecuniárias e de pessoal de cada consorciada. O consórcio é, portanto, um centro autônomo de relações jurídicas internas entre as sociedades consorciadas e externas entre o consórcio e terceiros.

Comparando o consórcio com a SPE, não resta dúvida de que esta última é mais interessante para o ente público, pois facilita a fiscalização e favorece o controle no caso de concessões, já que o prazo de vigência é muito longo.

Vimos vários tipos, formas e espécies de contrato. A escolha do mais adequado a ser utilizado num determinado fornecimento depende:

- da definição do escopo do trabalho;
- da quantidade ou frequência de mudanças esperadas após o início do projeto;
- do esforço ou *expertise* do cliente para gerenciar o fornecedor;
- das características de contratos normalmente utilizados em determinado setor de atuação;

- do tipo e complexidade dos requisitos técnicos;
- da análise custo/preço;
- da urgência na obtenção do produto;
- da natureza do fornecimento, responsabilidade e risco do fornecedor;
- do histórico das partes contratantes;
- de eventuais restrições legais relacionadas com o objeto a ser contratado ou com a natureza jurídica das partes contratantes.

Para que um contrato seja executado dentro das expectativas das partes envolvidas, é necessário o estabelecimento de cláusulas e condições.

As cláusulas e condições do contrato

As cláusulas e condições do contrato estabelecem como deverá ser o relacionamento entre cliente e fornecedor. Um contrato bem-feito não deve conter condições e cláusulas complicadas, repetitivas, desconexas e que não sejam pertinentes às necessidades do contratante. Não devem existir, nos ajustes, condições aleatórias, devendo cada um deles possuir uma finalidade específica para estar ali destacado, sob pena de a desnecessária inclusão acarretar um eventual aumento do preço a ser pago pelo contratante. Podemos classificar as cláusulas contratuais em essenciais e gerais.

São cláusulas essenciais aquelas que estabelecem os parâmetros necessários para identificação do fornecimento de produtos e serviços a serem regulados pelo contrato e, portanto, fundamentais para a definição do preço e demais condições financeiras e comerciais a serem oferecidas pelos fornecedores. Destacam-se as relacionadas com: objeto do fornecimento; obrigações das partes contratantes;

prazo; vigência; atrasos na consecução das obrigações; condições de faturamento, de pagamento, de reajustamento e de revisão de preço; previsão de juros e de multas; responsabilidades técnicas, civis e penais e seus respectivos limites; garantias técnicas e financeiras; proteção da propriedade intelectual e industrial; regras e foro competente para solução de disputas.

As cláusulas gerais são aquelas que não modificam a natureza das relações contratuais e são de aplicação eventual, em situações específicas e extraordinárias, destacando-se: casos fortuitos e de força maior, representantes das partes, modificações das condições contratuais, sigilo e confidencialidade, disposições finais e transitórias, encerramento do contrato.

Algumas informações gerais devem constar do instrumento contratual, como:

- *Título do contrato.* Contém o nome e a definição da espécie de contrato e definirá a característica e a natureza do negócio que está sendo realizado.
- *Qualificação das partes.* Informações a serem prestadas pelas partes a respeito de sua existência legal. Devem estar destacadas no introito do contrato. Para tanto, deverão ser exigidos, por ambas as partes, os pertinentes documentos de constituição das empresas contratantes e suas eventuais alterações, assim como a qualificação dos representantes legais que irão assinar o instrumento contratual.
- *Quantidade de vias do contrato.* Deverá ser definida pelas partes, porém todas elas, após as respectivas assinaturas, são consideradas originais, significando dizer que o contrato é um corpo único e as cópias constituem a prova das deliberações havidas pelas partes durante todo o processo de aquisição.
- *Data e testemunhas.* Devem estar previstas de maneira igual em todas as vias do contrato. A preocupação com essa pro-

vidência se tornou mais efetiva a partir do CCB, que dispõe sobre a boa-fé das relações e a coação de direito. Testemunhas são pessoas que poderão, em caso de uma disputa judicial, atestar se as partes foram ou não coagidas a assinar o instrumento contratual. A data também é fundamental para efeito de definição dos marcos de pagamento e de aplicação das multas por atraso ou dos percentuais de incentivo, caso o contrato disponha a respeito.

Não devem ser previstas condições que não sejam pertinentes à relação contratual, tais como a observância das normas de segurança e higiene do trabalho em um contrato de fornecimento de um produto, ou então o procedimento de reembolso de despesas em um contrato de empreitada a preço global.

Observe, a seguir, o significado de algumas cláusulas importantes do instrumento contratual:

- *Objeto do contrato e descrição do fornecimento.* O objeto é a definição do fornecimento de produto ou serviço, que pode também ser chamado de escopo, e a descrição dos serviços/fornecimento é a forma como eles serão implementados. Essas duas condições são complementares e, muitas vezes, estão organizadas em cláusulas diferentes, embora estejam intimamente vinculadas. O escopo deve ser bastante claro e objetivo, e deve se limitar ao que se pretende adquirir.
- *Definições.* Esclarecimento de algum texto, de alguma expressão ou atividade que possa ser congregada em uma palavra, e que venha a ser repetido várias vezes no corpo contratual.
- *Obrigações das partes.* Compromissos que devem ser observados pelas partes contratantes no decorrer da execução do contrato, sem excluir as outras obrigações estabelecidas nas demais cláusulas.

- *Remuneração e/ou preço.* Formas de estabelecer a contrapartida pecuniária de responsabilidade do cliente. A remuneração é a forma de expressar o montante pago ao empregado pelo empregador, constituído de salário, gorjetas, horas extras, diárias, entre outras rubricas, e que também pode ser aplicada para referenciar pagamento de pessoa física com quem o contratante tenha firmado contrato de prestação de serviço autônomo. O preço é a forma de expressar prestação pecuniária a que se obriga o contratante em decorrência de contrato firmado entre duas pessoas jurídicas. Deve ser sempre utilizado nos contratos de empreitada.
- *Prazos de execução e vigência.* Prazo de execução é o lapso de tempo existente entre o momento em que as partes firmam o contrato e sua conclusão. Quando esse prazo é manifestado no contrato, ele é chamado de convencional ou contratual e pode ser determinado ou indeterminado. Vigência significa o tempo durante o qual as partes mantêm válidas algumas condições do contrato e que se estende além da data estabelecida para seu término.
- *Faturamento e pagamento.* Faturamento significa a ocorrência de um evento econômico previsto no contrato. Pagamento significa a ocorrência de um evento financeiro, isto é, o desembolso da parcela devida.
- *Repactuação e reajustamento.* Repactuação significa a alteração do preço ou da remuneração para mais ou para menos, decorrente de evento não previsto na época da contratação e que acarreta um desequilíbrio econômico-financeiro do contrato, podendo o fornecedor se tornar impossibilitado de dar continuidade à execução do fornecimento a que se comprometeu. A constatação desse fato jurídico determina o nascimento de novo preço ou remuneração, devendo o

contrato receber um aditamento que reflita essa mudança. Reajustamento significa a condição por meio da qual o valor pactuado será corrigido, em prazo não inferior a 12 meses de vigência do ajuste, de forma a compensar a flutuação da moeda ocorrida num período determinado. Os contratos entre empresas nacionais só podem ser firmados em moeda corrente do país.

- *Data e condições da entrega, transferências de direitos.* São cláusulas contratuais que possuem íntima relação entre si. A entrega significa o momento em que a propriedade do bem ou do serviço objeto do fornecimento é transferida do fornecedor para o cliente, oportunidade em que se dá a respectiva aceitação (parcial ou final), acarretando a transferência de propriedade. A forma de entrega está intimamente relacionada com a espécie de contrato que venha a ser ajustado.
- *Multas.* Significam o ressarcimento a que uma das partes se obriga em relação à outra, caso não cumpra os compromissos definidos contratualmente.
- *Garantias contratuais.* São as obrigações que uma parte tem perante a outra de indenizar por qualquer dano durante a execução da totalidade ou de parte do contrato. Elas podem ser financeiras, comerciais, legais ou técnicas.
- *Novação.* Condição contratual que permite ou não, dependendo do texto ajustado, a alteração do contrato pela desistência de uma das partes de exigir da outra o cumprimento das condições acordadas entre elas.
- *Responsabilidade das partes.* Compromisso das partes contratantes em adotar determinada postura em relação à execução do contrato.
- *Representantes técnicos.* Pessoas físicas indicadas pelas partes contratantes e que estarão habilitadas a acompanhar a exe-

cução dos serviços – tendo como pressuposto sua experiência no desempenho de função técnica compatível com o tipo do negócio –, servindo de interlocutoras entre as partes durante a fase de execução do contrato. Não se confundem com os representantes legais das empresas e, por conseguinte, não têm competência legal para modificar o contrato.

- *Caso fortuito e força maior.* Condição contratual por meio da qual as partes não serão responsabilizadas por atrasos no cumprimento de suas obrigações, uma vez que eles sejam originários de fatos alheios ao seu controle. A força maior é evento que tem sempre a interferência do homem (exemplo: greve) e o caso fortuito decorre de eventos causados por atos da natureza (exemplo: tempestade).
- *Terminação, resolução, resilição e rescisão.* Formas de finalização do contrato. Cada uma dessas expressões tem efeitos jurídicos diferenciados, devendo, portanto, ser aplicadas de modo correto para que surtam os efeitos legais desejados. Terminação ocorre por vontade de qualquer das partes, após o decurso do prazo previsto no contrato, e não acarreta ônus para qualquer uma delas. Resolução é o evento que resolve o contrato em decorrência do descumprimento de suas cláusulas e condições, porém estabelece um prazo de aviso prévio para que as atividades em andamento sejam concluídas. Resilição é o desfazimento de um contrato por simples manifestação de vontade, de uma ou de ambas as partes. Ressalte-se que não pode ser confundido com descumprimento ou inadimplemento, pois na resilição as partes apenas não querem mais prosseguir. A resilição pode ser bilateral ou unilateral; abrange não só a terminação, mas também a resolução. Rescisão é a ruptura do ajuste por interesse de uma das partes em razão de descumprimento

das obrigações pela outra. Efetiva-se de forma unilateral e independentemente de notificação judicial ou extrajudicial, gerando, como consequência, o direito da parte prejudicada de exigir da outra o pagamento de indenização por danos morais e/ou materiais.

- *Lei aplicável.* Definição da norma legal que dará respaldo para interpretação de eventuais divergências de entendimento que venham a existir no tocante às condições ajustadas e que afetem o cumprimento do contrato pelas partes. A escolha da lei aplicável depende de acordo entre as partes, levando-se em consideração o local onde o serviço é prestado, sua natureza e, em alguns casos, a qualidade do fornecedor ou receptor dos produtos ou serviços.
- *Forma de solução de disputa (claim).* É o estabelecimento de condições para resolver impasses que venham a ocorrer durante a execução do contrato. As formas existentes são amigáveis ou não, judiciais e extrajudiciais.
- *Local da disputa.* Definição da localização do foro ou da câmara de arbitragem em que as partes, caso necessário, disputarão seus direitos.
- *Representantes das partes.* Pessoas nomeadas para exercer cargos ou funções às quais tenham sido outorgados poderes de representação para atuar em nome das partes.
- *Propriedade intelectual ou industrial.* Essa condição vai ao encontro da questão da titularidade das obras de arte e das invenções e está estruturada em normas legais específicas. A Lei nº 9.610/1998 dispõe sobre a proteção dos direitos autorais e a Lei nº 9.279/1996 dispõe sobre a propriedade industrial.

Cláusulas de incentivo e penalidades

É possível incluir nos contratos cláusulas de incentivo e penalidades para o alinhamento dos objetivos do fornecedor com os do cliente. Uma forma é o oferecimento de vantagens pecuniárias se o objeto do contrato for entregue antes do tempo previsto (em qualquer tipo de contrato) ou então se os custos finais forem inferiores a um determinado valor estipulado como alvo (nos contratos de custos reembolsáveis ou de preço unitário).

Podemos citar, como exemplo, um contrato de custo reembolsável com incentivo em que o cliente pague todos os custos e, além disso, um incentivo acordado entre as partes (taxa de administração ou *target fee*) mais um bônus por alcançar custos menores. A diferença entre o custo real do trabalho e o custo-alvo (*target cost*) é dividida entre as partes (razão de partilha ou *sharing ratio*), sendo que a proporção pode ser variável, como 60%/40% – a primeira fica com o cliente (60%) e a segunda com o fornecedor (40%).

Nessa hipótese, deve-se usar a seguinte fórmula para o cálculo do custo final:

> custo real + (custo-alvo – custo real) × razão de partilha do contratado + remuneração pela administração = preço final

Contratos para a proteção dos direitos patentário e autoral

De acordo com a legislação brasileira, existem diferenças fundamentais entre o conceito de proteção de uma obra por receber um título patentário ou por ser considerada uma obra intelectual.

Esses dois institutos são regidos por leis próprias, sendo que a proteção à obra intelectual observa a Lei do Direito Autoral (Lei nº 9.610/1998) e o direito patentário está protegido pela Lei da Propriedade Industrial (Lei nº 9.279/1996).

A diferença fundamental entre uma obra intelectual e uma obra protegida por título patentário é que a primeira deve ser original e de criação humana (direito moral) e a última deve ser inédita, única no mundo e de criação humana ou empresarial. O direito da primeira é protegido por 70 anos a partir da morte do autor e independe de registro em qualquer órgão. A outra deve ser depositada no Instituto Nacional da Propriedade Industrial para receber o título de patente que demonstra o ineditismo, tendo um prazo limitado para manter o monopólio de exploração da invenção.

As leis acima definem os modelos de contratos a serem utilizados no âmbito dos negócios a serem concluídos para que surtam os efeitos legais, ou seja, são contratos atípicos, porém previstos em legislação própria.

É importante salientar que o *software* (programa de computador) é legislado por uma norma legal própria (Lei nº 9.609/1998), que define o *software* como obra intelectual, porém sua comercialização no território nacional deve observar as regras ali estabelecidas, ou seja, o contrato a ser firmado entre o titular do *software* e o usuário final é o contrato de licenciamento, já que não existe na lei compra e venda de *software*. Outros instrumentos regulam o desenvolvimento e a customização, entre outros aspectos.

O quadro 14 apresenta as distinções julgadas mais relevantes entre o instituto de proteção do direito autoral e aquele relacionado com a propriedade industrial (patente), demonstrando que este último já nasce com uma finalidade econômica, uma vez que sua aplicação deve ser nesse sentido.

Quadro 14

Comparação do direito patentário com o direito autoral

Direito patentário	Direito autoral
O titular de invento patenteado tem o direito de impedir que terceiros usem ou registrem criações similares	O titular de obra intelectual tem o direito originário sobre sua criação, não podendo impedir que terceiros, de forma independente, criem outra obra sobre o mesmo tema
Pressuposto essencial para a proteção: novidade (avaliação objetiva)	Pressuposto essencial para a proteção: originalidade (avaliação subjetiva)
Protege as invenções que têm aplicação industrial e comercial	Protege qualquer criação, sem formalidades
Registro obrigatório (Instituto Nacional da Propriedade Industrial – INPI)	Registro facultativo (a competência do órgão depende da característica da obra)
Concede monopólio legal, tendo efeito "anticriativo", como obstáculo às criações de terceiros	Concede direito exclusivo à exploração, mas não tem efeito "anticriativo". Confere, ainda, direitos morais
Protege o conceito inventivo contido na criação	A ideia em si não é protegida Protege a exteriorização da ideia
Prazo da proteção: 20 anos (privilégio de invenção) e 15 anos (modelo de utilidade), contados a partir da data do depósito	Prazo de proteção: vida do autor mais 70 anos para os herdeiros. Para o *software* são apenas 50 anos, a contar da data do lançamento

***

Vimos, neste capítulo, o significado do contrato, suas características específicas e os mecanismos para sua elaboração. De sua análise, podemos concluir que contratar implica haver coincidência de interesses e nunca divergências ou desnivelamento entre as partes. A contratação se inicia com a assinatura do contrato e expressa o final das negociações, continuando com a execução do contrato e se encerrando somente quando todas as atividades relacionadas forem finalizadas, o que efetivamente se opera quando as partes dão as quitações mútuas e definitivas umas às outras. Portanto, a contratação se inicia – e não se encerra – com a assinatura do contrato.

No próximo capítulo, veremos como é divulgado o documento de solicitação de propostas e como se dá o processo para a seleção (eliminação e classificação) de fornecedores a partir do recebimento e da análise das propostas apresentadas pelos interessados. Também será abordado o processo de negociação de termos e condições contratuais.

4
A condução das aquisições

Este capítulo trata do processo de condução das aquisições do projeto, com a seleção de fornecedores dos produtos e serviços, abordando a divulgação da solicitação para o mercado, elaboração das propostas pelos potenciais fornecedores, a seleção da melhor proposta e a negociação dos termos e cláusulas contratuais.

A divulgação da solicitação de propostas

Uma vez que a solicitação de propostas tenha sido preparada, ela deve ser divulgada/distribuída para os potenciais fornecedores. Vários métodos poderão ser utilizados para atingir o mercado: telefonemas, publicação de editais, divulgação de cartas-convite, *sites* na internet e anúncios em jornais ou correspondências (por exemplo: cartas-convite, *e-mail* e fax) diretas a fornecedores cadastrados. Na administração pública, a divulgação dos avisos contendo os resumos dos documentos de licitação para concorrências, tomadas de preço, concursos e leilões deve ser feita com antecedência, de acordo com o art. 21 da Lei de Licitações e Contratos e, para o caso de pregão, deverá atentar para o disposto no art. 11 do Decreto nº 3.555/2000. A Lei nº 12.462, de 4 de agosto de 2011, que dispõe acerca do regime diferenciado de contratações públicas (RDC), contém as regras específicas para essa nova modalidade. Na divulgação, é importante que seja dado ao fornecedor o prazo adequado para que ele possa confeccionar os documentos necessários e enviar a proposta para a organização solicitante; caso contrário, o contratante poderá obter propostas com valores superiores ou, até mesmo, nenhuma proposta, em função do tempo escasso. Dependendo da natureza da aquisição, pode ser necessária a visita de representantes dos fornecedores com a finalidade de conhecer o local onde o serviço será executado.

Conforme citado, a Lei nº 13.303/2016 fez ajustes no tocante à forma de licitação em empresas públicas, sociedades de economia mista e suas subsidiárias, e deu ênfase ao pregão como alternativa preferencial para buscar no mercado bens e serviços de natureza comum. Todavia, diversos órgãos da administração pública vêm utilizando essa alternativa para compras complexas, razão pela qual deve o gerente do projeto administrar e avaliar com cautela o modelo a ser utilizado.

A lista de fornecedores já cadastrados e devidamente avaliados na organização constitui uma importante fonte para a divulgação. A elaboração de um cadastro de fornecedores contendo informações históricas de fornecimentos é condição básica para que a organização adquira com qualidade e bom preço as quantidades, em tempo e hora, necessárias ao seu negócio/projeto.

Na administração pública o chamamento é público, mesmo que haja uma lista de fornecedores cadastrados, pois deverão ser observados os princípios da publicidade e da objetividade de julgamento, entre outros definidos na Lei de Licitações.

Podemos classificar os fornecedores em:

- *Exclusivos*. São fornecedores únicos e monopolistas de produtos ou serviços dentro do mercado nacional. Normalmente, o volume da compra é que determina o grau de atendimento e o relacionamento entre as partes. O fornecedor, geralmente, dá pouca atenção aos clientes, pois é consciente de seu monopólio.

- *Habituais*. São os fornecedores tradicionais que sempre são consultados numa coleta de preços, possuindo uma linha de produtos padronizada e bastante comercial. Geralmente, são os que prestam melhor atendimento, pois sabem que seu volume de vendas está ligado à qualidade de seus produtos e ao tratamento dado ao cliente.
- *Especiais*. São os que ocasionalmente poderão prestar serviços, fornecer mão de obra e até mesmo produtos que requeiram equipamentos, processos especiais ou específicos, que normalmente não são encontrados nos fornecedores habituais.

O cadastro de fornecedores pode conter, entre outras, as seguintes informações:

- denominação social/razão social;
- endereço da sede e de onde tem seu domicílio fiscal;
- inscrição no cadastro geral de contribuintes (CNPJ);
- inscrição estadual quando se tratar de empresa comerciante e inscrição municipal quando a atividade principal ou concomitante à de compra e venda for prestação de serviços;
- ramo de atividade, que é o objeto social da empresa;
- linha de produtos ou serviços;
- se é um fabricante, revendedor ou representante, de forma a identificar quem responde pela qualidade dos produtos e serviços, e quais os tributos incidentes;
- telefones, *e-mails* e fax: o da empresa e dos sócios, para facilitar a comunicação entre as partes;
- pessoas de contato – representantes legais da empresa;
- dados bancários;

- se o produto que fornece é especial ou de linha normal de fabricação;
- se todo o processo de fabricação é realizado internamente, não dependendo de terceiros;
- se existem lotes mínimos de fabricação;
- grau de assistência técnica ao cliente comprador;
- análises de capacidade de produção e qualidade dos produtos fornecidos anteriormente;
- análise da procedência e qualidade da matéria-prima;
- informações de desempenho, tais como prazos previstos e realizados;
- alterações contratuais solicitadas;
- não conformidades com o escopo do produto ou serviço;
- atendimento das metas.

Com exceção de fornecedores do tipo monopolista ou exclusivo, deve-se ter um cadastro de pelo menos três fornecedores para cada tipo de produto ou serviço normalmente contratado pela empresa, tendo em vista maior segurança no ciclo de material e maior poder de negociação, além de agilização do processo de contratação, uma vez que o tempo necessário para a busca de potenciais fornecedores será consideravelmente reduzido.

Os métodos de divulgação e convocação serão influenciados pelas características da aquisição e também da organização, pois, tratando-se de um órgão público, este possuirá regras já definidas com base na Lei de Licitações e Contratos; tratando-se de uma organização privada, o processo se dará de acordo com as regras por ela estabelecidas. Por exemplo: durante o processo de divulgação, deve ser verificado o atendimento da quantidade mínima requerida de fornecedores ou os prazos determinados para a preparação e o envio das propostas, de acordo com as regras estabelecidas no documento convocatório.

Os critérios que serão utilizados para a avaliação das propostas podem ou não ser divulgados junto com a solicitação de proposta. O quadro 15 apresenta as vantagens e desvantagens dessa divulgação. Tal prerrogativa inexiste na administração pública, já que todos os elementos necessários à escolha do melhor fornecedor devem estar presentes no documento de licitação e devem ser públicos, ao alcance de qualquer cidadão interessado.

Quadro 15

Vantagens e desvantagens da divulgação dos critérios de seleção de propostas pela iniciativa privada

Vantagens	Desvantagens
• O processo é transparente • O proponente procura adequar sua proposta às necessidades e prioridades do cliente • As prioridades são pensadas previamente, levando a uma melhor qualidade da RFP • O processo de seleção é mais rápido e objetivo	• Há necessidade de elaboração dos critérios antes da divulgação da RFP, o que pode atrasar o processo • Há possibilidade de os proponentes questionarem os critérios • Há possibilidade de os proponentes questionarem o resultado

Um modo bastante usado pela iniciativa privada é a divulgação dos critérios de avaliação, mas não dos correspondentes pesos ou formas de atribuição de notas.

A obtenção de propostas

Uma vez feita a divulgação, é necessário aguardar o recebimento das propostas dos fornecedores. Nessa fase, o maior esforço será do fornecedor, uma vez que ele terá de desenvolver a proposta requisitada pelo contratante. O prazo dado aos fornecedores deve ser adequado para que eles elaborem suas propostas e, durante esse prazo, devem ser previstas reuniões para esclarecimento de dúvidas, a fim de verificar se os fornecedores realmente compreenderam as necessidades do projeto. Essas reuniões abordam questões técnicas e, algumas vezes, comerciais, para checar se as propostas dos fornecedores estão dentro dos parâmetros de prazo, custo e qualidade da organização solicitante. As reuniões devem ser planejadas com antecedência, definindo-se quem irá conduzi-las, onde, quando e com quais participantes ocorrerão, a fim de que sejam proveitosas. Elas poderão ser realizadas individualmente com cada fornecedor ou em grupo.

As reuniões em grupo, embora facilitem a isonomia de informações e diminuam o trabalho da contratante, permitem que os fornecedores conheçam seus concorrentes, o que pode ser um fator de risco para o processo. As respostas às dúvidas apresentadas em consultas individuais, por meio de telefone, mensagens ou reuniões devem ser divulgadas para todos os participantes do processo, especialmente quando a questão estiver no âmbito da administração pública.

Uma vez recebidas as propostas, é hora de estabelecer a classificação dos fornecedores.

A classificação das propostas: aplicação dos critérios de avaliação

A escolha da proposta mais vantajosa se dará depois da aplicação dos critérios de avaliação obrigatórios e classificatórios estabelecidos anteriormente, o que já foi objeto de estudo neste livro. Caso eles não tenham sido previamente estabelecidos, o que se admite apenas na iniciativa privada, os responsáveis pela análise devem prepará-los. A classificação sem ter critérios de avaliação como parâmetros só é possível no caso de contratação pelo menor preço.

O primeiro passo é eliminar os fornecedores que não atendam aos critérios obrigatórios estabelecidos. O quadro 16, considerando que três fornecedores apresentaram propostas, mostra que o fornecedor C não atendeu aos requisitos mínimos para continuar sendo avaliado.

Quadro 16
Exemplo de aplicação de critérios de avaliação

Atende aos critérios obrigatórios?	Fornecedor A	Fornecedor B	Fornecedor C
Apresentar certidão negativa de débitos relativos ao INSS	Sim	Sim	Sim
Apresentar equipe tendo, no mínimo, 50% dos profissionais com curso no Senac para as atividades que serão realizadas no coquetel	Sim	Sim	Não
Ter realizado, no mínimo, quatro coquetéis nos últimos seis meses	Sim	Sim	Sim
Habilitação jurídica	Sim	Sim	Não
Ter instalações próprias no município em que será servido o coquetel	Sim	Sim	Sim

Segue-se, então, a avaliação baseada nos critérios facultativos para os fornecedores que atenderam a todos os requisitos obrigatórios. O quadro 17 exemplifica a aplicação de critérios de avaliação na análise de propostas dos dois potenciais fornecedores remanescentes. O resultado final se dá por meio do somatório da multiplicação das notas pelos pesos, dividido pelo somatório dos pesos:

$$\text{Total} = \sum \frac{(\text{Notas} \times \text{Pesos})}{\text{Pesos}}$$

O fornecedor que obtiver a maior pontuação terá, de acordo com o modelo sugerido, apresentado a melhor das duas propostas. O fornecedor A foi o que apresentou a melhor proposta, tendo como base o modelo do quadro 8.

Quadro 17

Exemplo de aplicação de critérios facultativos

Critérios facultativos	Peso (%)	Nota do fornecedor A	Nota do fornecedor B
Qualificação do corpo técnico do fornecedor	25	7	10
Qualificações desejadas do fornecedor	20	10	4
Variedade dos produtos (alimentos e bebidas) e serviços oferecidos	5	8	3
Experiência do fornecedor (número de eventos realizados)	20	10	4
Tempo de existência da empresa	5	9	5
Preço	25	6	10
Total	100	8,1	7

Caso dois ou mais fornecedores tenham apresentado resultados muito próximos (empate técnico), como no do quadro 18, o gerente de projeto e sua equipe poderão, exceto no setor público, aplicar outros critérios para confirmar a melhor proposta. Uma técnica complementar que pode ser utilizada nessa situação é a análise de SWOT (*strenght*, *weakness*, *opportunity and threat*), na qual a equipe de projeto poderá detalhar as forças, fraquezas, oportunidades e ameaças de cada uma das propostas e dos fornecedores avaliados previamente. Outra forma de desempatar é verificar qual proposta obteve a maior nota em um determinado requisito que seja prioritário para o projeto.

As empresas públicas são obrigadas a optar pela proposta que melhor atenda aos critérios classificatórios estabelecidos previamente no documento de licitação. As empresas privadas, porém, podem utilizar os critérios apenas para nortear sua decisão e, eventualmente, convocar as duas ou três empresas melhor avaliadas para negociação.

Quadro 18
Exemplo de aplicação de critérios facultativos com resultados próximos

Critérios facultativos	Peso (%)	Nota do fornecedor A	Nota do fornecedor B
Qualificação do corpo técnico do fornecedor	25	7	8
Qualificações desejadas do fornecedor	20	10	9
Variedade dos produtos (alimentos e bebidas) e serviços oferecidos	5	8	7
Experiência do fornecedor (número de eventos realizados)	20	10	9
Tempo de existência da empresa	5	9	9
Preço	25	8	8
Total	100	8,6	8,4

O benefício de utilizar tais análises comparativas com pontuações e pesos é proporcionar à equipe do projeto uma visão mais apurada com relação aos diversos fornecedores. Essa classificação poderá ser utilizada tanto como parâmetro para definição do fornecedor quanto para prover informações que poderão ser utilizadas, futuramente, em outros projetos.

Quando houver uma quantidade grande de fornecedores, o processo de avaliação deve ser realizado em rodadas.

A estratégia para a eliminação de concorrentes na iniciativa privada

Caso tenhamos muitos participantes em um processo de seleção de fornecedores, é necessário planejar um procedimento que gaste o tempo e os recursos adequados. Devemos então planejar o processo em etapas, também chamadas de rodadas.

Na primeira rodada, da qual todos os possíveis fornecedores participam, devem ser utilizados poucos critérios de avaliação (por exemplo: somente análise das propostas para exame de itens obrigatórios), em que a lista seja reduzida, por exemplo, para oito empresas. Em seguida, na segunda rodada, são realizadas avaliações que demandem mais tempo, tais como demonstrações *on-site* (no cliente) e painéis com os concorrentes. O objetivo dessa rodada é reduzir o número de concorrentes para, por exemplo, três possíveis fornecedores. A terceira e última rodada é a que consome mais tempo e, em alguns casos, recursos do cliente. A avaliação pode incluir visitas a clientes do fornecedor, elaboração de protótipos/pilotos, *benchmarking* e visitas às concorrentes. O resultado da terceira rodada deve ser uma lista com a classificação das propostas das três empresas, devendo-se seguir o processo de negociação do contrato.

Assim, o processo de seleção ocorrerá por partes. Apesar de parecer demorado, na realidade o processo será mais rápido, pois evitará que sejam executados todos os procedimentos iniciais, em todas as empresas fornecedoras selecionadas em um primeiro momento. Devemos sempre analisar o custo/benefício do processo de avaliação, ou seja, o custo deve ser compensado pelo ganho resultante de uma melhor contratação.

Essa alternativa não poderá ser aplicada na seleção de fornecedores para a administração pública, a não ser que estejam claramente identificadas todas as etapas de eliminação que serão promovidas pela empresa licitante e desde que elas atendam aos dispositivos legais pertinentes.

Após a seleção do(s) escolhido(s), com a classificação das empresas em função das pontuações obtidas, para fornecer ao projeto os produtos ou serviços definidos nas especificações, devemos passar à negociação.

A negociação

Na iniciativa privada e, em casos específicos, na administração pública, após a classificação das empresas em função das pontuações obtidas e análises complementares, é possível negociar melhores condições técnicas e comerciais, de forma a adequar a proposta recebida ao prazo, ao custo, à qualidade e ao escopo do projeto. Essa negociação pode ser somente com a empresa cuja proposta ficou em primeiro lugar ou com as duas ou três que obtiveram melhor classificação.

Poderão ser alvo de negociação, por exemplo, melhor prazo de pagamento, a alteração de uma data específica para entrega dos itens a serem contratados, melhores preços ou, ainda, questões relativas a cláusulas contratuais, tais como multas, garantia e nível de serviço. O objetivo principal da negociação não é promover um leilão de preços com os fornecedores potenciais e melhoria dos preços das propostas até o menor lance possível, mas sim definir as propostas que sejam interessantes para o contratante e garantir que o contratado tenha condições de atender às necessidades deste.

Alguns itens que podem ser negociados são:

- responsabilidades das partes;
- responsáveis de ambas as partes na condução do contrato;
- abordagem estratégica e técnica para geração dos produtos e serviços;
- preços (respeitando limites);
- datas ou prazos de entrega;
- ajustes de cláusulas contratuais;
- multas e penalidades para as partes;
- possibilidade de reajustes financeiros;
- pré-requisitos técnicos para realização do serviço;
- financiamento do contrato;
- pré-requisitos gerenciais para realização do serviço.

O objetivo principal da negociação é garantir a realização do fornecimento, dentro dos parâmetros de prazo, custo e qualidade requeridos pelo projeto, para o atendimento de seu escopo, parâmetros esses que devem ser considerados durante a fase de seleção das propostas. A melhor negociação é aquela que é feita com o espírito de parceria ou aliança e dentro de critérios claros e éticos. Deve-se ter o cuidado para não conduzir a negociação objetivando um resultado melhor para uma das partes (*ganha/perde)*, o que poderá levar à não conclusão do contrato, prejudicando tanto o fornecedor quanto o próprio projeto (resultado *perde/perde*).

A negociação, quando possível, é fundamental para a homologação do contrato, pois tem o propósito de ajustar algumas cláusulas contratuais ao entendimento das partes. Outro aspecto importante na negociação é o de implantar um bom relacionamento entre fornecedor e cliente, o que poderá facilitar a execução dos serviços e/ou do fornecimento, de forma segura e efetiva. Essa medida é importante, já que tem como premissa a necessidade de que o binômio comprador/fornecedor funcione como uma simbiose, considerando que um depende do outro. Assim, com base nesse enfoque, pode-se concluir que o gerente do projeto representa a organização, que é o cliente daquele projeto, e precisa que o produto (ou serviço) seja entregue pelo fornecedor dentro do prazo pactuado, de forma que ele possa finalizar o empreendimento. Em contrapartida, o fornecedor tem interesse em atender às expectativas do cliente para receber o montante ajustado.

A assinatura do contrato

Todo o processo de seleção aqui mencionado tem um único objetivo: escolher no mercado o fornecedor com a proposta mais vantajosa, que atenda aos requisitos para o fornecimento dos itens necessários ao projeto. Todavia, essa trajetória só se consuma com a assinatura do contrato pertinente. Essa assinatura inicia uma relação que só será finalizada com a entrega do bem ou serviço contratado ou com um término antecipado (distrato).

***

Vimos, neste capítulo, os procedimentos para a seleção do fornecedor que será contratado para atender às necessidades do projeto. O objetivo principal do processo é escolher a proposta mais vantajosa, negociar termos e condições contratuais e formalizar a contratação.

Abordaremos, no próximo capítulo, o processo de administração (controle) das aquisições.

5
A administração (controle) das aquisições

A administração (controle) das aquisições tem como objetivo principal assegurar que as partes atendam aos requisitos estabelecidos no instrumento contratual. É uma etapa crítica para o sucesso do gerenciamento do projeto, uma vez que a ocorrência de falhas pode ter impactos e consequências de natureza técnica, financeira ou legal.

É importante ressaltar que o gerenciamento de aquisições em projetos pressupõe a necessidade de obtenção de produtos ou serviços para a conclusão do escopo de um projeto pelo cliente (objeto da aquisição), assim como a disponibilidade de um fornecedor capacitado para a entrega da aquisição contratada.

Assim, pela ótica do cliente, a administração das aquisições com fornecedores é parte integrante do gerenciamento do projeto. Por outro lado, o fornecimento por parte dos contratados, principalmente por empresas orientadas por projetos, tem na sua essência a gestão de um projeto, com todos os elementos necessários à sua conclusão.

Em síntese, o processo de administração das aquisições, seja por parte do cliente, seja por parte do fornecedor, pressupõe, antes de tudo, um adequado controle do recebimento do que se contratou (cliente) e da entrega do que se comprometeu a entregar (fornecedor), implicando a necessidade de administração do contrato à luz do objeto da aquisição.

Controle de aquisições: visão geral do processo

O processo de controle das aquisições inicia-se após a assinatura do contrato. Ao final do processo, o cliente deve obter os bens e serviços, objetos da contratação, em conformidade com as especificações contidas no contrato (SOW – *statement of work*).

Durante o processo, o cliente deve conduzir, pelo menos, dois tipos de reuniões gerenciais com os fornecedores: reunião de instalação ou de início do contrato (*kick-off meeting*) e reuniões de avaliação gerencial periódica (AGP).

As reuniões de *kick-off* têm como objetivo a definição das bases para o relacionamento cliente e fornecedor durante a execução dos trabalhos. Busca-se, com esse tipo de reunião, a clarificação do escopo dos trabalhos do fornecedor, bem como dos processos e dos instrumentos a serem empregados para a gestão pelo cliente.

As reuniões de avaliação gerencial periódica visam ao posicionamento do cliente, por parte do fornecedor, quanto à evolução dos trabalhos inerentes ao fornecimento dos bens e serviços contratados. Sua periodicidade deve ser definida em função da dimensão/complexidade do contrato e, de maneira geral, tal periodicidade é mensal. Nesses casos, as reuniões são denominadas avaliações gerenciais mensais (AGMs).

Aspectos a serem considerados no controle de aquisições

Resultados decorrentes dos trabalhos

São os produtos naturais do que está sendo elaborado pelo fornecedor à luz do escopo contratual. Os produtos e serviços devem ser obtidos em conformidade com as especificações, prazo e orçamento previamente estabelecidos, entre outras condições previstas no contrato.

Avaliação do desempenho do fornecedor

Segue exemplo de relatório de avaliação do desempenho do fornecedor.

<table>
<tr><td colspan="3">XPTO Montagens Ltda.</td></tr>
<tr><td colspan="3">Nome do projeto: Montagem do equipamento ABC</td></tr>
<tr><td colspan="3">Avaliação de desempenho do fornecedor (ADF)</td></tr>
<tr><td>Elaborado por:</td><td>Gerente do projeto</td><td>Data:</td></tr>
<tr><td>Aprovado por:</td><td>Chefe do Departamento de Engenharia
Chefe do Departamento de Aquisições</td><td>Versão:</td></tr>
</table>

1) *Escopo do contratado*

Fornecimento do equipamento ABC, conforme contrato nº 1.234 com o cliente Y.

2) *Situação atual*

Equipamento entregue e instalado, tendo sido devidamente comissionado e aprovado pelo contratante.

3) *Desempenho*

	Previsto	**Realizado**	**Desempenho**
Prazo	30 dias	35 dias	😐
Custo	R$ 250.000,00	R$ 230.000,00	☺
Qualidade	5.500 rpm	5.500 rpm	☺

4) *Avaliação*

Critério	Descrição	Avaliação			
		Péssimo	Regular	Bom	Excelente
Gerenciamento					
Entregas	Diferença entre as entregas previstas e as realizadas			☐	
Assiduidade	Presença constante do gerente do projeto			☐	
Empenho	Empenho do gestor na realização das entregas e atendimento				☐
Gerenciamento do projeto	Eficiência nas melhores práticas de gerenciamento de projetos				☐
Gerais					
Histórico	Aplicação das melhores práticas verificadas		☐		
Assiduidade	Presença da equipe			☐	
Agenda	Diferença entre as horas previstas e as realizadas			☐	
Parceria	Avaliação geral da parceria			☐	

5) *Considerações gerais*

_____________, em ____ de _______________ de ____.

____

Assinaturas

Controle de mudanças

Mudanças são naturais e inerentes à administração de contratos à medida que são alteradas as necessidades do cliente. Mudanças são fontes potenciais de alterações na lucratividade de fornecedores e, como consequência, são fontes potenciais de reivindicações. Assim, devem-se considerar, desde o momento da contratação, as condições e os termos estabelecidos no contrato em relação aos direitos e obrigações das partes em caso de mudanças.

Uma vez definidas e negociadas as mudanças, elas devem ser documentadas, preservando-se a integridade do contrato. Mudanças nas condições inicialmente contratadas, antes de implementadas, devem ter seus impactos analisados e mensurados, uma vez que podem ter reflexos em termos de prazo e de custo. Idealmente, a avaliação dos impactos decorrentes de mudanças deve ser conduzida em conjunto por cliente e fornecedor. Tal providência evita longas discussões em termos do real impacto das mudanças e correspondentes obrigações. Fornecedores devem procurar quantificar, negociar e documentar os impactos de mudanças antes de prosseguirem com a execução dos trabalhos. Tal providência é fundamental para evitar prováveis fontes de reivindicações futuras, em função de não aceitação pelo cliente de ressarcimentos pleiteados após a execução das mudanças. Importante salientar que a administração pública só poderá efetuar mudanças no contrato se devidamente fundamentadas e justificadas.

Sistema de controle de mudanças em um contrato

O gerenciamento de mudanças no contrato envolve processos, procedimentos e padrões que são usados para avaliar as alterações e que devem ser consubstanciados em cláusulas contratuais. Isso garante que sejam coletadas todas as informações relacionadas aos envolvidos na alteração, além de ser realizada, para cada alteração proposta, uma avaliação de custos e benefícios.

Para garantir uma abordagem consistente ao gerenciamento de alterações no contrato, o mesmo deve conter:

- o processo para solicitação de alterações e a informação requerida para processamento de cada solicitação de alteração;
- o processo a ser utilizado para análise do impacto, os custos da alteração e informações de rastreabilidade (*tracking system*) associadas;

- o profissional ou equipe que pode autorizar formalmente as solicitações de alteração.

Uma vez que o gerenciamento de alterações em um contrato pode envolver grandes volumes de informação e o compartilhamento dessas informações entre os indivíduos de uma organização, é necessário manter a rastreabilidade de quais mudanças foram propostas, quais foram implementadas e quais estão sendo avaliadas.

Medição e pagamento

Os procedimentos necessários para medição, faturamento e pagamento dos direitos do fornecedor devem estar claramente explicitados no contrato. Assim, o período para apuração das receitas, os procedimentos para análise e aprovação de medições, bem como o prazo para pagamento de faturas aos fornecedores devem ser objeto de cláusulas contratuais.

Eventuais condicionantes para o pagamento dos direitos do fornecedor devem também estar no contrato. Por exemplo: pagamentos vinculados aos prazos de entregas intermediárias ou retenção de um percentual do valor das faturas apresentadas até que seja atingido um grau predefinido do escopo total do respectivo fornecimento.

Avaliação de desempenho e controle

A comparação do realizado com o previsto constitui a base para a identificação de desvios e de tendências e, como consequência, para a definição de ações corretivas. Assim, a coleta de informações relativas ao que foi realizado pelo fornecedor e a medida do efetivo progresso são elementos básicos para a comparação com o que foi planejado.

De maneira geral, a análise do realizado e as medidas de desempenho relativas ao fornecedor englobam pelo menos os seguintes aspectos: verificação de escopo, controle de prazo, controle de custos, controle de qualidade e conformidade com requisitos administrativos.

As necessidades específicas do cliente relativas ao desempenho do fornecedor devem estar claramente explicitadas no contrato, de forma que o fornecedor possa se preparar para a entrega dessas informações durante a execução do contrato. Do ponto de vista do fornecedor, o prévio conhecimento das necessidades de informação relativas ao desempenho, a serem disponibilizadas para o cliente, permite o planejamento para a apuração e o fornecimento das informações durante a execução, além de servir como elemento para o orçamento dos custos inerentes a essa atividade. Nos casos em que o cliente estabelece como necessária a apresentação de relatórios específicos relativos à avaliação de desempenho, é importante levar em conta aspectos como:

- elementos que devem ser abordados para efeito de desempenho (como escopo, prazo, custo, especificações);
- informações relativas ao desempenho para cada um dos elementos a serem incluídos nos relatórios;
- frequência de produção dos relatórios de desempenho e datas para apresentação;
- datas de corte para determinação das informações a serem incluídas nos relatórios;
- formatos e formulários a serem empregados para a geração dos relatórios;
- *stakeholders* específicos que devem receber os diferentes tipos de informações e em que nível de detalhamento.

Na medida em que o desempenho do fornecedor é determinado, levando-se em conta o que foi realizado em comparação com o previsto, o gerente de projetos ou o gerente de aquisições pode identificar os desvios ocorridos, assim como as tendências para conclusão do contrato em comparação com o estabelecido inicialmente. A existência de desvios significativos acarreta a necessidade de identificação do que os causou, bem como a definição e execução de ações corretivas, que estão na base do processo de administração de contratos e devem ser implementadas tão logo sejam identificados desvios em relação ao planejado, visando o restabelecimento das condições inicialmente contratadas (equilíbrio econômico-financeiro do contrato).

Durante a administração do contrato, o cliente deve realizar avaliações formais de desempenho do fornecedor. Isso será útil não somente para que o fornecedor possa corrigir eventuais desvios, mas também poderá servir de subsídio no processo de seleção de fornecedores em futuras contratações.

Reunião de instalação (*kick-off meeting*)

A reunião de instalação (*kick-off meeting*) visa estabelecer as bases do relacionamento técnico-gerencial entre cliente e fornecedor durante o processo de controle das aquisições.

Essa reunião deve ser uma iniciativa do cliente, o qual deve preparar uma agenda contendo os assuntos que deverão ser objeto de análise durante a reunião. Naturalmente, a agenda contendo os tópicos e participantes da reunião de instalação deve ser encaminhada previamente pelo cliente para o responsável do fornecedor.

Em projetos de grande porte, é frequente a mobilização de duas equipes de projetos: a equipe do cliente e a equipe do fornecedor. Nesses casos, participam da reunião de *kick-off* integrantes de ambas as equipes.

Em princípio, os papéis e responsabilidades das partes encontram-se explicitados no contrato assinado entre cliente e fornecedor.

Entretanto, deve-se empregar a reunião de *kick-off* para ressaltar e clarificar os principais aspectos inerentes ao contrato, incluindo assuntos técnicos, gerenciais, administrativos e econômico-financeiros inerentes ao contrato para aquisição de bens ou serviços.

Durante a reunião de *kick-off* podem ser abordados e enfatizados aspectos, tais como:

- escopo dos trabalhos;
- papéis e responsabilidades, incluindo as equipes de projetos das partes;
- programações (cronogramas);
- principais produtos e *milestones* (pontos de avaliação e controle);
- incentivos, caso sejam aplicáveis;
- informações sobre o cliente e contatos principais;
- posicionamento quanto à importância do projeto para a organização e para quem o está patrocinando;
- processo de comunicação entre cliente e fornecedor;
- *stakeholders* internos e externos;
- multas e punições, se aplicáveis;
- plano de comunicação e solução de problemas;
- processo para gerenciamento de mudanças;
- premissas e restrições;
- protocolos;
- sistemática para resolução de reivindicações (*claims*).

Na reunião de *kick-off*, é importante que fique definida uma metodologia bem como os instrumentos a serem utilizados para o acompanhamento e controle da performance técnico-econômica do fornecedor durante o processo de controle das aquisições pelo cliente. Em especial, deve-se definir o método e a frequência a serem empregados para preparo e condução das reuniões de avaliação gerencial periódica, conforme será detalhado neste capítulo.

A adequada condução das reuniões de *kick-off* permite que aspectos considerados relevantes sejam explicitados e seja estabelecido um referencial de como conduzi-los na relação cliente/fornecedor. Dessa forma, podem ser prevenidos ou minimizados eventuais problemas futuros causados pelo fornecedor ao cliente e, também, podem ser explicitados os papéis e responsabilidades do cliente, na linha de prevenção de eventuais problemas causados pelo cliente ao fornecedor.

Para o preparo e condução da reunião de instalação da aquisição com o fornecedor, devem ser observados aspectos, tais como:

- a reunião deve ser formal;
- a agenda deve ser preparada pelo cliente e distribuída com antecedência;
- cada parte deve indicar um elemento (ou parte da equipe), que a representará oficialmente durante a condução da aquisição/contrato;
- a ata deve ser formalizada e distribuída após a reunião;
- a reunião deve ser conduzida, de preferência, no local de execução dos trabalhos pelo fornecedor.

Administração de contratos como parte do processo de controle de aquisições

O processo de controle das aquisições pelo cliente tem como objetivo básico a obtenção dos bens, serviços ou resultados necessários ao projeto e que são contratados com o fornecedor. Assim, o controle das aquisições deve ser feito pelo cliente à luz dos termos e condições definidos no instrumento contratual.

Conceitualmente, um contrato implica a existência de cinco elementos:

- uma oferta;
- uma aceitação;
- partes competentes;
- consideração pelas partes;
- legalidade de propósito.

Nas aquisições em projetos, a oferta é feita pelo fornecedor por meio de sua proposta. A aceitação é caracterizada pelo cliente quando aceita a proposta, define o fornecedor e assina o contrato. As partes competentes são evidenciadas quando o contrato é assinado por representantes legais do cliente e do fornecedor. No contexto de contratos, *consideração* significa *o que* cada uma das partes obtém como decorrência do contrato assinado. Em aquisições em projetos, o cliente busca bens, serviços ou resultados para o projeto, caracterizados no contrato por escopo, qualidade, tempo e custo. Por outro lado, o fornecedor busca a remuneração pelo cliente, decorrente da entrega de bens e serviços. Legalidade de propósito implica o fato de que um contrato entre cliente e fornecedor deve ser celebrado visando à aquisição de algo que seja considerado legal.

Nesse contexto, o controle de aquisições em projetos feito pelo cliente pressupõe o controle físico-econômico-financeiro do objeto da aquisição, à luz dos termos e condições estabelecidos no contrato assinado com o fornecedor.

No ambiente de aquisições em projetos, contratos devem ser percebidos como instrumentos para gestão de riscos na relação entre cliente e fornecedor. Dessa forma, é preciso que as equipes de projetos, tanto do cliente quanto do fornecedor, tenham conhecimento e domínio das definições contidas no contrato definido e assinado pelas partes.

Assim, na administração profissional de contratos, não deve haver espaço para considerações como as explicitadas a seguir:

- "Eu nunca vi o contrato";
- "Eu não tive oportunidade de ler o contrato";
- "Eu não entendi o contrato";
- "Eu pensei que o contrato estivesse errado";
- "Isso não é o que o contrato diz";
- "Que contrato?".

Melhores práticas na administração de contratos

Constituem boas práticas para a adequada administração de contratos:

- ler e analisar o contrato;
- desenvolver um plano para administração do contrato, indicando um gestor de contratos para assegurar que a organização entregue aquilo a que se propôs;
- desenvolver e implementar políticas específicas para administração de contratos;
- atender aos termos e condições constantes do contrato;
- manter efetiva comunicação e controle;
- controlar mudanças no contrato por meio de um processo proativo de controle de mudanças;
- resolver *claims* e disputas prontamente, utilizando negociação e arbitragem para dirimir disputas;
- desenvolver uma estrutura analítica do trabalho para auxiliar o planejamento e a alocação de trabalho;
- realizar reuniões iniciais antes da execução dos trabalhos;

- medir, acompanhar e controlar o desempenho, elaborando relatórios de progresso;
- administrar o processo de faturamento e de pagamento;
- identificar variações entre o planejado e o realizado;
- fazer o acompanhamento de todas as ações corretivas;
- indicar pessoas autorizadas para negociar mudanças no contrato;
- observar e respeitar os termos e condições do contrato;
- distribuir cópias do contrato para todos os *stakeholders* envolvidos;
- manter cópias atualizadas do contrato;
- compreender os impactos de mudanças de escopo em custo, prazo e qualidade;
- documentar as comunicações relevantes;
- preparar atas de reuniões internas e externas;
- utilizar *checklists* para encerramento de contratos;
- assegurar a conclusão dos trabalhos contratados;
- documentar as lições aprendidas e promover sua difusão na empresa.

Avaliações gerenciais periódicas

Em várias situações, a gestão das aquisições (seja pelo cliente, seja pelo fornecedor) implica a necessidade do gerenciamento de um projeto, cujo produto final corresponde à entrega contratada pelo cliente.

A condução de reuniões de *kick-off* entre cliente e fornecedor constitui uma boa prática para o gerenciamento de aquisições, conforme explorado anteriormente. Por outro lado, é importante, tanto para o cliente quanto para o fornecedor, que o processo de administração das aquisições seja feito de maneira formal e periódica, com vistas ao acompanhamento dos aspectos técnico-operacionais e comerciais.

Uma forma de assegurar a regularidade e eficácia na administração das aquisições é a realização de reuniões de avaliação gerencial. A periodicidade dessas reuniões é função da natureza do projeto. Em grande parte dos projetos as reuniões são realizadas com periodicidade mensal.

As reuniões de avaliação gerencial periódica (AGP) têm como objetivo o acompanhamento e controle do projeto, por uma perspectiva estratégica, analisando sua evolução até o momento da reunião e estabelecendo tendências e ações para sua conclusão. Como qualquer reunião, elas se mostram mais eficazes quando os integrantes se preparam de forma adequada e com antecedência.

O preparo para as reuniões de AGP (cujo formato e periodicidade podem e devem ser definidos no contrato) enfoca análises de duas naturezas distintas e complementares: qualitativa e quantitativa.

Levando-se em conta que o contrato contém, em sua essência, os elementos relacionados ao "previsto", o preparo das AGPs deve focar, sobretudo, o realizado e as tendências para o final do projeto.

Análise qualitativa

A análise qualitativa deve levar em consideração os seguintes aspectos:

- destaques;
- tendências;
- fatores críticos;
- ações a executar, responsáveis e prazos.

Os destaques correspondem aos fatos que ocorreram no período entre duas reuniões de AGP que implicam alterações, para mais ou para menos, em relação ao que se encontra definido no contrato.

Alguns exemplos de destaques a serem relatados:

- os quantitativos constantes do escopo das aquisições foram acrescidos de 10% em decorrência de modificações – ajustes no projeto executivo;
- o prazo para a entrega de um determinado pacote de trabalho, constante do escopo, foi reduzido em 20 dias em função de maior produtividade da equipe do fornecedor;
- os custos com insumos inerentes a uma determinada entrega (*deliverable*) sofreram um aumento de 25% devido à variação cambial;
- atividades constantes do caminho crítico do projeto do fornecedor foram atrasadas em 15 dias em função da demora na entrega de insumos que foram definidos em contrato como de responsabilidade do cliente;
- atividades críticas foram adiantadas em 10 dias em função de liberação de acessos pelo cliente.

A análise dos exemplos dos destaques demonstra que:

- destaques devem ser registrados na forma de fatos passíveis de comprovação, tanto pelo fornecedor quanto pelo cliente;
- destaques devem refletir, em sua essência, variações positivas ou negativas em relação ao previsto no contrato;
- para efeito de preparo das reuniões de AGP com o cliente, é fundamental que o fornecedor registre as variações que ocorreram em suas aquisições e que impactam as entregas contratadas;

- destaques registrados e validados pelo fornecedor com o cliente são fontes importantes de construção do direito. Isso significa que alterações em relação ao previsto, causadas pelo cliente, com reflexo no processo de aquisições devem ter seu impacto reconhecido pelo cliente, com o correspondente ressarcimento do fornecedor;
- a preparação, tanto do cliente quanto do fornecedor, para as reuniões de AGP deve enfocar, sobretudo, os destaques com impacto na relação comercial estabelecida entre eles – assim, destaques relativos a escopo, prazo, custo, riscos, qualidade, aspectos administrativos, gerenciais e comerciais acordados entre as partes devem ser objeto de registro;
- fonte importante para identificação, caracterização e registro de destaques são os riscos identificados e priorizados quando da análise de riscos – dessa forma, riscos como oportunidades, uma vez materializados, podem implicar destaques positivos, ao passo que riscos como obstáculos, quando materializados (fatos), podem implicar destaques negativos.

Dando sequência à análise qualitativa no preparo das AGPs, o passo seguinte à identificação e ao registro dos destaques corresponde à explicitação das tendências para o contrato. A ocorrência de fatos e objetos de destaque significa que algo diferente em relação ao previsto/contratado aconteceu. Assim, haverá uma perspectiva de evolução do fornecimento, ou da aquisição ("diferente" em relação ao previsto), o que constitui as denominadas "tendências".

Tendo como referência os destaques anteriormente citados, constituem exemplos de tendências:

- aumento em 30 dias do prazo para entrega final do pacote de trabalho contratado decorrente do acréscimo de 10% dos quantitativos constantes do escopo inicialmente definido em contrato, por decisão do cliente;

- aumento do custo total do fornecimento em R$ 100 mil como consequência da alta dos quantitativos em 10%, por definição do cliente;
- aumento do custo previsto para uma determinada entrega constante do contrato em função de variação cambial;
- atraso do prazo final em 15 dias para um determinado pacote de trabalho decorrente da indisponibilidade de insumos no prazo inicialmente contratado, como consequência de problemas causados pelo cliente;
- redução do prazo de entrega de determinado pacote de trabalho em 10 dias, decorrente de liberação mais rápida de acessos, o que era de responsabilidade do cliente.

Assim, pode-se observar que existe uma relação de causa e efeito entre destaques e tendências. Destaques positivos implicam tendências positivas e destaques negativos importam tendências negativas.

À medida que são identificadas tendências para a conclusão de todo o processo de fornecimento, podem surgir fatores críticos que precisam ser superados. Os fatores críticos identificados, decorrentes dos destaques e das tendências, podem ser de diferentes naturezas, sejam elas técnico-operacionais, gerenciais ou comerciais. Do ponto de vista da forma, os fatores críticos devem ser expressos como "algo pronto e acabado", visando deixar claro o que deve ser obtido para o sucesso do fornecimento, tendo em vista as tendências identificadas.

Levando-se em conta os exemplos anteriores de destaques e tendências, constituem exemplos de fatores críticos:

- prazo final de entrega "equacionado" com o cliente;
- custo final de entrega "definido" com o cliente;

- modificações no contrato "negociadas" e "aprovadas";
- aditivo contratual "elaborado" e "assinado".

Os fatores críticos aqui ilustrados indicam o que precisa "ficar pronto" como consequência das tendências identificadas. Uma vez que tanto o cliente quanto o fornecedor se preparem para uma reunião de AGP tendo como base os mesmos fatos ocorridos em um determinado mês, é natural que as conclusões relativas aos fatores críticos sejam convergentes, o que facilita, e muito, as conclusões e as definições a serem adotadas.

As ações a implementar, definidas em conjunto por cliente e fornecedor, deverão ser executadas conforme o acordado entre as partes. Deverão ser estabelecidos, também, os responsáveis pela execução de cada ação, assim como os correspondentes prazos para sua conclusão.

Levando-se em conta os fatores críticos considerados anteriormente, constituem exemplos de ações a serem executadas:

- negociar prazo final para entrega do pacote de trabalho (gerente de contrato) – 10 dias;
- atualizar os impactos e correspondentes alterações de custos para o fornecimento (*controller*) – 15 dias;
- negociar com o cliente eventuais alterações no orçamento inicial (gerente de contrato) – 20 dias;
- negociar e ratificar as alterações relativas a prazo e custo a serem incorporadas ao contrato original (gerente de contrato) – 20 dias;
- elaborar e assinar aditivo ao contrato em função do definido no item anterior (gerente de contrato) – 25 dias.

É importante observar que a sequência "destaques" → "tendências" → "fatores críticos" → "ações a executar" implica uma relação de causa e efeito natural entre os elementos componentes da análise qualitativa. A existência de destaques (fato que, pela sua natureza, constitui variação em relação ao previsto) implica tendências. As tendências, por sua vez, podem implicar a necessidade de superação de fatores críticos. Os fatores críticos, uma vez identificados e caracterizados, implicam a necessidade de execução de ações para sua superação, razão principal de se proceder ao acompanhamento e controle.

Cumpre-nos ainda ressaltar que, em determinado mês, os destaques podem não ocorrer, o que, naturalmente, não implicará ações diferenciadas para o período em questão.

Outro aspecto que deve ser levado em consideração é que os fatores críticos não representam necessariamente problemas em potencial a solucionar. Dependendo da natureza dos destaques (principalmente fatos positivos), podem ser identificadas tendências com efeito positivo para o contrato. Nesses casos, os fatores críticos são caracterizados como oportunidades, as quais deverão ser exploradas mediante ações com correspondentes responsáveis e prazos para sua conclusão.

Análise quantitativa

O preparo para as reuniões de AGP deve ser complementado por análises quantitativas, as quais suportam as constatações feitas na análise qualitativa.

Em essência, as constatações e definições decorrentes da análise qualitativa devem nortear a condução das reuniões de AGP. Assim, relatórios quantitativos de natureza gerencial devem ser percebidos como simples complementos e elementos de suporte às constatações de fatos e análises de tendências feitas de forma qualitativa. Tal ressalva tem sua importância na medida em que, na prática do gerenciamento de projetos, observa-se certa tendência a uma valorização excessiva de instrumentos e relatórios quantitativos. É preciso reconhecer que tais instrumentos são apenas elementos de suporte às análises e à tomada de decisões.

Para que os relatórios gerenciais quantitativos possam ser eficazes no suporte da análise qualitativa, eles devem conter as seguintes informações:

- previsto até a data da AGP (*baseline*);
- realizado até a data da AGP (*actual*);
- tendências para o final do projeto a partir da data da AGP (*trend analysis*).

A figura 9 apresenta um exemplo de curva de monitoramento do desempenho de um projeto, também chamada de "curva S". A curva contínua superior mostra o planejado (base de referência do contrato) e a curva contínua inferior representa a evolução real do projeto até o momento da avaliação. A curva pontilhada indica a projeção para o final do projeto.

Figura 9

Curva S: previsto × realizado × tendências

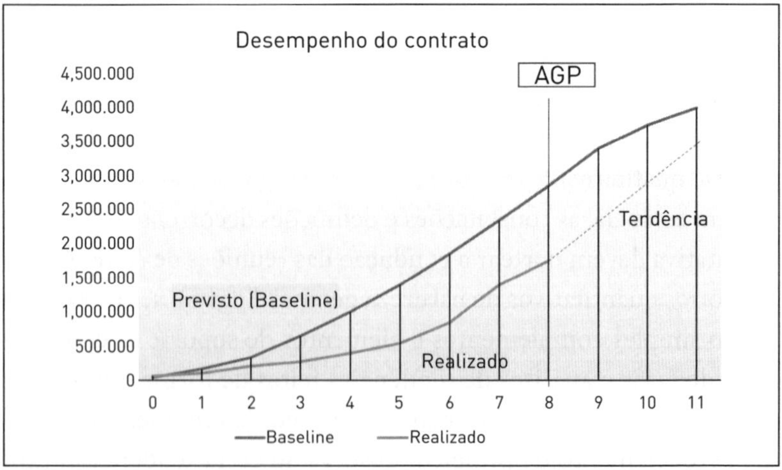

Observa-se que, em relação ao previsto, o desempenho do contrato, até a data da realização da AGP, está abaixo do previsto. Continuando esse desempenho, a tendência é um atraso na entrega do escopo do contrato.

Um ponto importante a ressaltar em relação aos relatórios gerenciais referentes à parte quantitativa é que eles devem ser sintéticos e em quantidade mínima necessária para o suporte à parte analítica/qualitativa. Assim, muito embora a tecnologia de *software* atualmente disponível permita a geração de um número extremamente elevado de relatórios e gráficos, para efeito de preparo e condução das AGPs a experiência demonstra que podem ser fornecidas, basicamente, as seguintes informações:

- EAP (estrutura analítica do projeto) atualizada;
- cronograma de controle (*tracking gantt*);
- curvas S;
- justificativa dos desvios;
- evolução dos riscos.

A metodologia para preparo de reuniões de AGP anteriormente descrita terá sua eficácia demonstrada durante a realização das reuniões entre cliente e fornecedor desde que ambas as partes se preparem tendo como base a mesma agenda para análises. A metodologia para condução das reuniões de AGP e a definição dos integrantes das equipes de projeto que delas irão participar devem ser estabelecidas e aprovadas quando da realização da reunião de instalação do projeto (*kick-off meeting*).

Durante as reuniões de AGP, dedica-se o primeiro momento a uma síntese das informações de natureza quantitativa, para simples nivelamento de informações. Em seguida, deve ocorrer uma concentração nas análises qualitativas, com foco, sobretudo, nos fatores críticos e ações a implementar. É fundamental ter em mente que a administração eficaz de projetos e de contratos é decorrente de ações a serem conduzidas ao longo de todo o contrato e não se dá apenas por meio de informações e relatórios de natureza quantitativa.

Cumpre ressaltar que as reuniões de AGP podem e devem ser conduzidas em diferentes âmbitos, isto é:

- AGPs realizadas pela equipe do fornecedor;
- AGPs realizadas pela equipe do cliente;
- AGPs realizadas pelo cliente com o fornecedor.

A lógica de preparo e condução das reuniões de AGP, conforme explicitada, aplica-se e deve ser preservada, independentemente do âmbito no qual a reunião está sendo conduzida. Naturalmente, a natureza das informações e seu grau de detalhamento são uma função do fórum no qual se estiver realizando a avaliação do contrato.

Administração de reivindicações (*claims*)

No Brasil, no contexto do gerenciamento de aquisições em projetos e, em particular, do gerenciamento de contratos, as palavras *claim*, pleito e reivindicação têm sido usadas como sinônimas, tendo como significado básico a busca do reconhecimento de um direito do fornecedor junto ao cliente ou vice-versa. São demandas promovidas por qualquer das partes contratantes, por discordância das condições contratuais ou dos seus desdobramentos, e que normalmente ocorrem durante a administração do contrato. Reivindicação, pleito ou *claim* pressupõe que as partes ainda podem discutir e solucionar as questões pendentes, sem que ocorra a ruptura das relações contratuais, havendo espaço para negociação dos impasses levantados por aquele que acredita ter direito em relação ao pleito formulado.

Nos casos em que não há acordo sobre as reivindicações, o que ocorre é o impasse na finalização do acordo e, ao invés de ocorrer a acomodação esperada, o que se verifica é o início de disputas judiciais, gerando a perspectiva de se intentarem as competentes ações visando ao reconhecimento de legítimos direitos violados. A solução de reivindicações ou *claims* deve ser preferencialmente obtida por meio de procedimentos extrajudiciais, aí incluídas as diversas formas de solução amigável, como a negociação, a mediação ou a arbitragem, evitando-se ao máximo a recorrência ao Judiciário. Isso porque as medidas extrajudiciais podem gerar uma solução rápida e eficiente para as questões pendentes, com preservação do relacionamento entre as partes.

Divergências na interpretação de contratos e mudanças ocorridas durante sua administração são fontes potenciais de reivindicações. Dessa forma, a cuidadosa análise do contrato e a clarificação e ajustes na redação de cláusulas contratuais podem ser de extrema eficácia na prevenção de reivindicações originárias de interpretação equivocada. As partes contratantes devem estar atentas a tal questão e devem buscar o entendimento e ajuste de condições contratuais antes do início dos trabalhos.

Após a mobilização para execução dos serviços pelo fornecedor, uma das principais causas de reivindicações formuladas pelo cliente é a mudança em relação ao objeto inicialmente contratado. Tais mudanças podem ser determinadas pelo cliente, que contrata os serviços, ou podem ser inerentes à própria execução dos trabalhos pelo fornecedor. Assim, é fundamental que as partes se instruam por meio de todos os documentos gerados sobre o assunto, os quais serão elementos essenciais para a sustentação de suas reivindicações. Logo, as partes devem se certificar de que toda e qualquer alteração discutida ou implementada deve ser adequadamente registrada para servir de evidência dos fatos relacionados às mudanças ocorridas.

As partes devem estar embasadas em dados e fatos para suportar as reivindicações que venham a fazer, decorrentes de mudanças durante a execução do contrato, pois elas estão trabalhando na linha de "construção do direito", direito de ressarcimento quanto aos impactos decorrentes de mudanças. Como citado, mudanças podem gerar impactos quanto ao prazo contratual, ao custo e à qualidade e, conforme elas são quantificadas e negociadas, podem e devem constituir parte integrante do contrato, usualmente na forma de aditivos contratuais, como são caracterizadas.

Um dos pontos que merece destaque na administração de contratos se refere às reivindicações decorrentes da execução de serviços ou da sua condução de maneira informal. Tais iniciativas podem implicar, e geralmente isso ocorre, reivindicações de qualquer das partes, depois de executadas as alterações e mudanças, ou seja, após o fato estar consumado. Nessas circunstâncias, embora as partes possam utilizar a cláusula de novação e exigir o restabelecimento das condições contratuais, o reconhecimento e o efetivo pagamento dos direitos inerentes às reivindicações tornam-se mais complexos, já que a margem de negociação por parte dos fornecedores fica bastante restrita, e o sucesso das reivindicações passa a depender apenas da postura do cliente.

De maneira geral, reivindicações de sucesso são oriundas de adequada constatação de fatos que geraram as respectivas mudanças e decorrem de negociação prévia dos seus impactos com pertinente quantificação, além do reconhecimento formal dos direitos antes da efetiva condução das mudanças apresentadas. Na administração pública, o objeto contratado deve ser claro e objetivo, não podendo o cliente alterá-lo no curso da contratação, pois isso caracteriza violação das regras de licitação em prejuízo de qualquer outro licitante.

***

Vimos, neste capítulo, como, após a assinatura do instrumento contratual, deve ser feito o controle das aquisições pelo cliente, com ênfase no conhecimento e atendimento das cláusulas contidas no documento contratual assinado por ambas as partes: cliente e fornecedor. Os aspectos inerentes ao encerramento de contratos serão abordados no próximo capítulo.

6
O encerramento das aquisições

Veremos, neste capítulo, as questões que envolvem o encerramento de uma aquisição. É preciso verificar se todos os produtos e serviços foram entregues e aceitos conforme o contrato, se todas as obrigações financeiras decorrentes do contrato foram liquidadas e se as informações relativas ao contrato e ao desempenho do fornecedor foram atualizadas e arquivadas.

Conceituação

A conclusão de um projeto envolve não somente as atividades inerentes ao encerramento administrativo em si, mas também as providências necessárias ao encerramento das aquisições, na perspectiva de entrega dos produtos e serviços gerados para o projeto.

Todo projeto tem um cliente, que é a pessoa ou entidade que percebe sua necessidade e, em função disso, toma as iniciativas necessárias para que ele aconteça. Do ponto de vista do comportamento e da motivação, ocorre, de maneira geral, menor ênfase na sua conclusão.

Por outro lado, na ótica do cliente, a fase de conclusão é uma das mais importantes, uma vez que é nela que se dará a "entrega final" dos produtos e serviços gerados. Tais produtos e serviços, conforme apresentem consistência e convergência com as necessidades e requisitos expressos no contrato, poderão ser efetivamente utilizados e, portanto, caracterizarão o sucesso do projeto. Logo, a fase de encerramento do projeto deve ser conduzida de forma que os produtos e serviços constantes do escopo delineado sejam, de fato, disponibilizados para o cliente, sendo que esse momento deve ser acompanhado da necessária caracterização e oficialização da conclusão e aceitação do projeto.

Da mesma forma que é necessária a caracterização e formalização do recebimento dos produtos e serviços pelo cliente, também é fundamental que o contrato empregado para oficializar o acordo entre cliente e fornecedor seja formal e adequadamente encerrado, como um procedimento natural integrante do gerenciamento profissional de projetos. A conceituação e as formas de encerramento de contratos, assim como os principais procedimentos inerentes a essa operação em projetos, serão objeto de maior detalhamento.

Um contrato pode ser encerrado, basicamente, das seguintes formas: pelo término das atividades estabelecidas contratualmente (terminação), por simples manifestação de vontade de uma ou de ambas as partes (resilição) ou pela inobservância das obrigações contratualmente estabelecidas (rescisão ou resolução). Cada uma dessas expressões tem efeitos jurídicos diferenciados, devendo, portanto, ser aplicadas de modo correto para que surtam o efeito legal desejado.

Término das atividades estabelecidas no contrato (terminação)

Essa hipótese se caracteriza pelo encerramento natural do contrato, em decorrência do término de todas as obrigações nele estabelecidas. As partes satisfeitas acertam as pendências finais e dão-se quitações mútuas, para nada mais reclamarem uma da outra, seja a que título for, por si, seus herdeiros e sucessores.

Nessa oportunidade, o cliente emite a aceitação definitiva do fornecimento e paga a integralidade do valor acordado. Assim, se o fornecedor tiver apresentado qualquer tipo de garantia (por exemplo, uma caução bancária), ela retorna para seu patrimônio ou parte dela é liberada, ficando apenas um percentual para dar cobertura à garantia que ultrapassa o prazo do contrato e se estende até o término do período de vigência estabelecido. A situação se caracteriza pelo desempenho satisfatório das partes, que se configura pelo fiel cumprimento de todas as condições contidas no escopo do trabalho.

Manifestação de vontade de uma ou de ambas as partes (resilição)

Resilição é o desfazimento de um contrato por simples manifestação de vontade, de uma ou de ambas as partes. Ressalte-se que não pode ser confundido com descumprimento ou inadimplemento, pois na resilição as partes apenas não querem mais prosseguir. A resilição pode ser bilateral ou unilateral; abrange não somente a terminação, mas também a resolução (que será explicada adiante). São situações em que as partes podem concordar em encerrar o contrato, mesmo que os objetivos iniciais não tenham sido atingidos. Nessa hipótese, as partes contratantes acertam a forma de conclusão dos trabalhos pendentes, o recebimento de parcelas devidas e o período predeterminado, quando elas se obrigam a dar total quitação para as pendências. Aí, o cliente poderá contratar a finalização dos serviços com terceiros, não podendo o ex-fornecedor exigir qualquer indenização, seja a que título for.

Inobservância das condições estabelecidas no contrato (resolução e rescisão)

Resolução e rescisão se efetivam de forma unilateral e independentemente de notificação judicial ou extrajudicial, gerando, como consequência, o direito da parte prejudicada de exigir da outra o pagamento de indenização por danos morais e/ou materiais. Resolução é o evento que resolve o contrato em decorrência do descumprimento de suas cláusulas e condições, porém estabelece um prazo de aviso prévio para que as atividades em andamento sejam concluídas. Rescisão é a ruptura do ajuste por interesse de uma das partes, por descumprimento das obrigações pela outra.

O processo de encerramento das aquisições

O processo de encerramento da aquisição consiste em assegurar que todos os aspectos administrativos a ela relativos estejam concluídos, após a entrega dos produtos ou serviços pelo fornecedor e a correspondente verificação de escopo pelo cliente. Naturalmente, o encerramento das aquisições é um dos processos inerentes ao encerramento de projetos. O processo de encerramento das aquisições envolve, basicamente, alguns aspectos, de que trataremos a seguir.

Documentação para o encerramento do contrato

São os documentos necessários para o encerramento do contrato, tanto na perspectiva do contratante quanto na do contratado. São exemplos de documentos usados no encerramento de contratos:

- emitidos pelo contratante – relatório de encerramento do contrato e termo de aceite;
- emitidos pelo contratado – atestado de inexistência de reivindicações e relatório de encerramento do contrato.

Nota de rescisão

A nota de rescisão é um instrumento emitido unilateralmente pela parte contratante que se sentiu prejudicada, independentemente de notificação judicial ou extrajudicial. Ela é, portanto, uma notificação para cancelar o contrato, decorrente de sua quebra.

Verificação de conformidade com procedimentos

É necessário verificar se os procedimentos estabelecidos para encerramento do contrato pelo prisma administrativo foram observados. Por exemplo: no caso do cliente, não se deve efetuar o pagamento final ao fornecedor se ele não tiver concluído todos os procedimentos administrativos estabelecidos no contrato, tais como: devolução de ativos de propriedade do contratante, encerramento e ajustes com subcontratados e adequada disponibilização de aspectos considerados propriedade intelectual.

Auditorias de aquisições

Auditorias de aquisições correspondem a uma análise estruturada de todos os processos de aquisições, desde a decisão de contratar ou não até o encerramento de contratos, visando à identificação de lições aprendidas e à correção de procedimentos. São identificados os pontos positivos e os negativos (lições aprendidas), que poderão ser aplicados na aquisição de outros itens do projeto em questão ou até em um novo projeto.

Termo de encerramento provisório ou definitivo

Após a conclusão da auditoria final realizada para assegurar que o fornecedor concluiu todas as suas entregas, de acordo com o contrato firmado, pode ser emitido o termo de encerramento provisório ou o termo de encerramento definitivo.

O termo de encerramento provisório deve ser utilizado quando a entrega do produto ou serviço final não foi comprometida e libera o fornecedor para que realize algumas atividades de desmobilização do projeto, por exemplo, liberação do seu espaço utilizado, remoção de alguns materiais ou equipamentos de sua propriedade, liberação de pessoal, entre outras atividades que não impactem na conclusão das pendências informadas no relatório de auditoria final, geralmente administrativas ou gerenciais.

Já o termo de encerramento definitivo formaliza a conclusão completa de todas as entregas sem nenhuma pendência ou ressalva, liberando para que seja realizada a aceitação e o pagamento final.

Aceitação e pagamento final

O cliente procede à aceitação formal dos produtos ou serviços objetos do fornecimento e efetiva o pagamento final ao fornecedor. É verificado se todos os produtos e serviços constantes do escopo do contrato foram entregues.

Do ponto de vista do cliente, a aceitação dos produtos ou serviços constantes do escopo da aquisição deve ser feita levando em conta as definições constantes das especificações. Assim, ao mesmo tempo que se faz a verificação de escopo (entrega dos produtos ou serviços constantes do escopo da aquisição), deve-se proceder também ao controle de qualidade dos produtos ou serviços componentes da entrega. Vale dizer, é preciso que o representante do cliente na administração do contrato assegure que os produtos ou serviços que estão sendo entregues estejam em conformidade com as correspondentes especificações constantes do contrato.

A formalização, pelo cliente, do aceite/recebimento dos produtos ou serviços constantes de aquisições é geralmente feita por meio de um instrumento específico, denominado, por exemplo, "termo de recebimento ou de encerramento do contrato". A seguir, um exemplo desse documento.

XPTO Montagens Ltda.		
Nome do projeto: Montagem do equipamento ABC		
Termo de encerramento do contrato (TEC)		
Elaborado por:	Fiscal do contrato	Data:
Aprovado por:	Chefe do Departamento de Engenharia Chefe do Departamento de Aquisições	Versão:

1) *Projeto*

Montagem do equipamento ABC, conforme contrato nº 1.234 com o cliente Y.

2) *Declaração*

Pelo presente instrumento, a Siderúrgica ORANEG S.A., estabelecida nesta cidade, Complexo Industrial Setor A, inscrição estadual nº 99.356.000-10, CNPJ nº 54.149.000/0001-54, e, do outro lado, ABC, estabelecida no município de Salvador/BA, inscrição estadual nº 45.789.113-67, CNPJ nº 08.000.476/0001-88, declaram:

- O escopo foi completado nas condições especificadas em contrato.
- Os pagamentos foram efetuados conforme o contrato.
- As obrigações tributárias, trabalhistas e fiscais foram cumpridas.
- Inexistem pendências judiciais ou arbitrais em aberto.

____________, em ____ de ______________ de ____.

____

Assinaturas das duas partes

Dependendo da natureza da aquisição e das definições constantes do contrato em questão, pode-se utilizar, inicialmente, um termo de recebimento provisório por parte do cliente. Nesses casos, após a verificação da conformidade das especificações e mesmo de funcionalidades específicas, constatadas após um período de testes e utilização dos produtos ou serviços entregues, o cliente deve emitir um termo de recebimento definitivo.

A aceitação definitiva de produtos ou serviços por parte do cliente deve ser precedida de uma análise específica dos riscos inerentes a tal procedimento. Assim, o fato de o cliente atestar que a entrega pelo fornecedor foi concluída em conformidade com o contratado pode implicar a necessidade de absorção pelo cliente de eventuais impactos de riscos decorrentes de inadequações ou desconformidades que não tenham sido constatadas quando do aceite. Vale observar que, nos casos em que o fornecedor assume a responsabilidade por garantias relativas aos produtos ou serviços entregues, a aceitação final pelo cliente não implica isenção do fornecedor com relação à necessidade de eventuais reparos, adequações ou substituições, após o encerramento do contrato.

O fornecedor, após o recebimento da última fatura, deve fazer a liberação de seguros-garantia ou cartas de crédito que foram exigidos quando da assinatura do contrato.

Arquivo do contrato

A equipe do projeto deve manter uma série de pastas, ou um arquivo, como referência do contrato, com finalidade de facilitar auditorias ou revisões. A pasta e o índice representam a atividade de um contrato com um fornecedor. O índice mínimo para uma pasta de contrato é:

- documento de aquisição (RFP, carta-convite etc.);
- contrato;
- cronogramas;
- alterações solicitadas e aprovadas;
- documentações técnicas;
- aditivos ao contrato;
- ordens de trabalho;
- aprovação dos *deliverables*;
- correspondências do contrato;
- avaliações do contratado;
- relatórios de desempenho;
- cópias das faturas e dos pagamentos;
- resultados de fiscalizações.

A destruição dos arquivos relacionados com o fornecimento de produtos e serviços somente deverá ser efetivada pelas empresas contratantes depois de ultrapassado o período de garantia contratual ou legal, uma vez que, reivindicada a responsabilidade de qualquer das partes nesse particular, elas poderão se defender utilizando todos os elementos e documentos gerados no âmbito da referida contratação.

Lições aprendidas documentadas

De acordo com Winston Churchill, "aqueles que não estudam a história estão condenados a repetir seus erros" (Pinto, 1998:244). Da mesma forma, no gerenciamento de projetos e, em particular, no gerenciamento de contratos, tal afirmativa é um dos pilares para o registro, a estruturação e o compartilhamento daquilo que se aprendeu como decorrência da condução do projeto e da correspondente administração de contratos. Assim, a definição e a prática sistemática da elaboração e a difusão das lições aprendidas consequentes da administração de contratos são, do ponto de vista do gerenciamento profissional de projetos, uma necessidade que deve ser percebida e internalizada por todos os membros da equipe. As lições aprendidas, uma vez estruturadas, formalizadas e difundidas, passam a constituir o conjunto de informações históricas que podem servir como informações de entrada para a condução do gerenciamento de aquisições em projetos futuros.

Vale ressaltar que as lições aprendidas relacionadas ao gerenciamento de aquisições devem ser registradas e analisadas durante todo o ciclo de vida do projeto. Assim, elas poderão ser utilizadas de forma efetiva não somente em projetos futuros, mas em diferentes fases do ciclo de vida de um mesmo projeto, nos casos em que tal oportunidade se apresente. O ponto a enfatizar aqui é que, muito embora as lições aprendidas devam, de modo estruturado e formal, ser organizadas no encerramento de contratos, a constatação e o registro do aprendizado devem ser feitos ao longo de todos os processos de aquisições em projetos.

Outro aspecto a enfatizar é que as lições aprendidas devem cobrir todos os processos relativos ao gerenciamento de aquisições.

Para efeito de consultas expeditas futuras quanto aos principais aspectos inerentes ao desempenho obtido em uma determinada aquisição, pode-se fazer uso de um instrumental nos moldes do modelo apresentado na figura 10. Tais informações podem ser trabalhadas segundo uma abordagem sintética que permita consultas e atualizações futuras sobre o desempenho das aquisições efetuadas.

Figura 10

Modelo de sumário pós-contrato

SUMÁRIO PÓS-CONTRATO			
Informações gerais			
Cliente	Gerente de contrato		Fone
Título e número do contrato			E-mail
Performance de prazo			
Data de início prevista	Início real	Conclusão prevista	Conclusão real
Performance orçamentária			
Preço original do contrato	Preço final	Custo previsto	Custo real
Síntese da performance técnica			
Síntese da performance de prazo			
Grau de satisfação do cliente			

Fonte: adaptado de Garret (2001).

As lições aprendidas relativas ao gerenciamento de aquisições podem ser registradas de maneira mais específica, considerando-se os seguintes aspectos:

- sumário executivo;
- performance técnica;
- performance de prazo;
- administração do contrato;
- gerenciamento de riscos;
- gerenciamento financeiro;
- gerenciamento das relações com os *stakeholders*.

O sumário executivo, trabalhado para registro e comunicação das lições aprendidas para a alta gerência, pode ser estruturado considerando-se os seguintes tópicos:

- síntese das necessidades e do escopo da aquisição realizada (*background*);
- principais aprendizados (de forma sintética);
- recomendações para práticas em aquisições futuras.

Os outros itens podem ser explorados e registrados de forma mais específica, considerando-se, para cada um, as seguintes informações:

- aprendizagem – síntese do aprendizado obtido como decorrência da aquisição realizada;
- recomendações para melhorias de processos – tendo como base a aprendizagem obtida com a aquisição, fazer as recomendações relacionadas às melhorias de processos que podem ou devem ser incorporadas ao processo de gerenciamento de aquisições existente;

- propostas para atualização de instrumentos utilizados no gerenciamento de aquisições – à medida que forem identificadas as recomendações para as melhorias de processos, podem ser necessárias adequações e atualizações dos instrumentos empregados para suporte à sua execução.

***

Vimos, neste capítulo, os procedimentos necessários ao encerramento de contratos.

Conclusão

O ambiente globalizado e cada vez mais especializado em que as empresas estão inseridas faz com que cresça, a cada dia, a necessidade de aquisição de produtos e serviços. Para que os projetos tenham qualidade, custos e prazos adequados é fundamental um bom gerenciamento das aquisições, de forma que não haja impactos negativos em seu desempenho.

Aquisições malconduzidas terão impactos negativos no sucesso do gerenciamento do projeto, especialmente no cumprimento de prazos e orçamentos, assim como na qualidade dos produtos e serviços produzidos, podendo gerar a insatisfação das partes e, como consequência, medidas judiciais.

Um aspecto importante a ser levado em consideração por clientes na decisão de adquirir produtos ou serviços para projetos consiste em que, uma vez contratada parte do escopo, o cliente e, por consequência, a equipe do projeto dependerão do fornecedor para seu sucesso. Nesse caso, como o cliente não terá controle total sobre a parte do escopo contratada, a decisão pela aquisição encerra em si um risco importante e que deve ser objeto de gerenciamento por parte da equipe do projeto.

O gerenciamento das aquisições em um projeto se inicia com a decisão de contratar, ou não, um produto ou serviço necessário para o atendimento do escopo. Podemos contratar *deliverables* (por exemplo, um treinamento), o que é chamado de terceirização (*outsourcing*), ou os recursos (por exemplo, um consultor, sala de aula ou recursos audiovisuais) necessários para a geração da entrega.

Após decidirmos o que contratar, devemos especificar o produto ou serviço de forma que os potenciais fornecedores tenham condições de entender nossa necessidade e apresentar suas propostas. Tal detalhamento é inserido na "especificação do trabalho" (*statement of work* – SOW).

Para divulgar essa especificação, é necessária a elaboração de uma solicitação de proposta (*request for proposal* – RFP) ou de cotação (*request for quotation* – RFQ), ou ainda o documento de licitação para a administração pública. Dependendo do caso, divulgamos também a minuta do instrumento contratual e os critérios para a avaliação das propostas, que podem ser obrigatórios ou facultativos.

Após o recebimento das respostas dos potenciais fornecedores, fazemos o julgamento delas aplicando os critérios de avaliação estabelecidos. Primeiro, aplicamos os obrigatórios, eliminando as propostas que não atendem às necessidades do projeto. Depois, classificamos as propostas de acordo com os critérios facultativos.

Com a classificação estabelecida, partimos para negociar termos e condições contratuais. Essa negociação pode ser somente com o fornecedor mais bem classificado (por exemplo, no caso da administração pública, que é sujeita à Lei de Licitações e Contratos) ou com os que obtiveram melhores classificações.

A negociação deve permitir ao cliente uma boa administração do contrato, bem como protegê-lo dos riscos envolvidos na contratação. As questões relativas ao gerenciamento de escopo, tempo, custo, risco, comunicação, recursos humanos e qualidade relacionados ao contrato devem estar refletidas em cláusulas bem elaboradas e de fácil entendimento.

A administração do contrato é um reflexo da qualidade do instrumento contratual. Um contrato mal elaborado irá redundar em conflitos entre cliente e fornecedor. O cliente deve gerenciar o contrato como se fosse um subprojeto, acompanhando seus resultados e avaliando o desempenho do fornecedor.

Após a entrega de todos os produtos e serviços, ou em caso de término antecipado, é necessário realizar o encerramento formal do contrato. Deve, então, ser feita uma checagem para verificar se todos os pagamentos foram realizados pelo cliente e, em contrapartida, averiguar e conferir se as entregas foram concluídas pelo fornecedor com a aceitação do cliente. O encerramento do contrato deve ser formalizado, por exemplo, por meio de um termo de aceite emitido pelo contratante.

Verifica-se, também, que o desenvolvimento e a implementação de projetos de qualquer natureza devem observar cautelas legais claramente definidas, sob pena de as partes contratantes se verem envolvidas em disputas judiciais que podem restringir a capacidade financeira do negócio, inviabilizando-o.

O gerente do projeto não pode esquecer que as responsabilidades e os direitos devem ser mensurados com bastante cuidado, e a segurança para se atingir tal resultado somente se efetivará na medida em que o planejamento a ser efetuado inclua os riscos legais visualizados e os contratos disponham, de forma bastante clara, sobre essas questões essenciais.

Negociados os contratos com conhecimento desses aspectos jurídicos, aos quais se agregam as questões técnicas fundamentais e as previsões orçamentárias e de desembolso, não resta dúvida de que o negócio poderá atingir o sucesso esperado, ou, na hipótese de ocorrerem fatos inesperados, as partes poderão se resguardar dessas eventualidades em face das condições claramente previstas no respectivo ajuste.

O direito, por conseguinte, deve ser considerado igualmente como ferramenta de gestão importante, especialmente no gerenciamento das aquisições para o projeto, conforme proficuamente demonstrado nesta obra, de forma a não acarretar os riscos previsíveis que impactarão o orçamento do projeto. Salientamos que a decisão gerencial de se preocupar ou não com esses aspectos deve levar em consideração os dispêndios decorrentes. A solução de não avaliar questões legais deve vir acompanhada do provisionamento de uma verba para atender a eventuais demandas daí decorrentes.

Este livro procurou apresentar boas práticas de gerenciamento de aquisições a serem utilizadas durante o ciclo de vida do projeto. É fundamental que o leitor vislumbre a importância desse processo e procure desenvolver conhecimentos e habilidades no assunto, o que irá contribuir para uma chance maior de sucesso em seus projetos.

Referências

AZEVEDO, Álvaro Villaça. *Teoria geral dos contratos típicos e atípicos.* São Paulo: Atlas, 2002.

CASTELLS, Manuel. *A sociedade em rede, a era da informação*: economia, sociedade e cultura. 2. ed. São Paulo: Paz e Terra, 2001. v. 1.

CHEN, Yanping. *Principles of contracting for project management.* Arlington: UMT Press, 2003.

FLEMING, Quentin W. *Project procurement management, contracting, subcontracting, teaming.* Tustin: FMC Press, 2003.

GARRET, Gregory A. *World class contracting*: how winning companies build successful partnerships in the e-business age. Riverwoods: CCH Inc., 2001.

GOMES, Orlando. *Obrigações.* Rio de Janeiro: Forense, 1996.

HUSE, Joseph A. *Understanding and negotiating turnkey and EPC contracts.* 2. ed. Londres: Sweet & Maxwell, 2002.

HUSTON, Charles L. *Management of project procurement.* Nova York: McGraw-Hill, 1996.

INTERNATIONAL FEDERATION OF CONSULTING ENGINEERS. *Constitution of contract for EPC turnkey projects.* Genebra: Fidic, 1999.

LINHARES JR., José G. OPM3: from theory to practice. In: PMI® GLOBAL CONGRESS – LATIN AMERICA, 2006, Santiago. *Anais...* Newtown Square, PA: PMI, 2006.

______. *Maturidade organizacional nas práticas em gerenciamento de projetos*: um estudo em uma organização do setor de óleo e gás. Dissertação (mestrado) – Escola de Administração, Universidade Federal da Bahia, Salvador, 2009.

PINTO, Jeffrey K. et al. *Closing out the project*: project management handbook. São Francisco, CA: Jossey-Bass, 1998.

PINTO, José Emilio Nunes. O contrato de EPC para prestação de grandes obras e o novo Código Civil. *Jus Navigandi*, Teresina, ano 6, n. 55, mar. 2002.

PROJECT MANAGEMENT INSTITUTE. *A guide to the project management body of knowledge* (PMBOK® Guide). 6. ed. Newtown Square, PA: PMI, 2017.

SOTILLE, Mauro Afonso et al. *Gerenciamento do escopo em projetos.* 3. ed. Rio de Janeiro: FGV Ed., 2014.

XAVIER, Carlos Magno da Silva. *Gerenciamento de projetos*: como definir e controlar o escopo do projeto. 3. ed. São Paulo: Saraiva, 2016.

______ et al. *Metodologia de gerenciamento de projetos*: methodware. 3. ed. Rio de Janeiro: Brasport, 2014.

Legislação brasileira consultada

Decreto nº 3.555, de 8 de agosto de 2000.
Decreto nº 3.697, de 21 de dezembro de 2000.
Decreto nº 5.450, de 31 de maio de 2005.
Instrução Normativa MPGG nº 5, de 26 de maio de 2017.
Lei nº 6.404, de 15 de dezembro de 1976.
Lei nº 8.666, de 21 de junho de 1993.
Lei nº 8.987, de 13 de fevereiro de 1995.
Lei nº 9.074, de 7 de julho de 1995.
Lei nº 9.276, de 14 de maio de 1996.

Lei nº 9.279, de 14 de maio de 1996.
Lei nº 9.609, de 19 de fevereiro de 1998.
Lei nº 9.610, de 19 de fevereiro de 1998.
Lei nº 10.406, de 10 de janeiro de 2002 (Código Civil Brasileiro).
Lei nº 10.520, de 17 de julho de 2002.
Lei nº 11.079, de 30 de dezembro de 2004.
Lei nº 12.462, de 4 de agosto de 2011.
Lei nº 12.846, de 1º de agosto de 2013.
Lei nº 13.303, de 30 de junho de 2016.
Lei nº 13.429, de 31 de março de 2017.
Lei nº 13.467, de 13 de julho de 2017.

ção e tecnólogo em processamento de dados pela Fundação Mineira de Educação e Cultura. Membro do Project Management Institute (PMI) e certificado pelo mesmo instituto como *project management professional* (PMP). Consultor de empresas na área de gerenciamento de projetos. Palestrante em congressos internacionais promovidos pelo PMI, de cuja seção regional de Minas Gerais é um dos fundadores. Professor convidado do programa FGV Management nos cursos de MBA em gerenciamento de projetos e pós-MBA em gerenciamento avançado de projetos.

Lúcio José Diniz

Especialista em engenharia econômica pela Fundação Dom Cabral, mestre em administração de empresas e projetos pela Universidade de Colúmbia (EUA), certificado PMP pelo Project Management Institute (PMI). É um dos fundadores e membro do conselho consultivo da seção regional do PMI de Minas Gerais. Consultor de empresas, atuando em projetos de política e estratégia empresarial. Palestrante em congressos internacionais promovidos pelo PMI e em congressos e seminários internacionais nas áreas de *strategic thinking* e *project management.* Professor convidado do programa FGV Management.

Autores

Carlos Magno da Silva Xavier
Doutor em administração de empresas pela Universidad Nacional de Rosário (título validado pela Universidade Federal do Rio de Janeiro – UFRJ). Foi eleito, em 2010, uma das cinco personalidades brasileiras da década na área de gerenciamento de projetos. É capitão de mar e guerra da reserva da Marinha do Brasil. Tem experiência profissional de mais de 20 anos. É autor/coautor de 17 livros e certificado *project management professional* (PMP) pelo Project Management Institute (PMI).

Deana Weikersheimer
Especialista em administração de empresas pela FGV e bacharel em direito pela Universidade Federal do Rio de Janeiro (UFRJ). Autora do livro *Comercialização de software no Brasil: uma questão legal a ser avaliada* e de capítulos em livros das áreas de tecnologia da informação e de petróleo e gás. Ex-advogada na área de projetos e contratos internacionais das Indústrias Nucleares do Brasil S/A (INB). Professora convidada do programa FGV Management.

José Genaro Linhares Júnior
Mestre em administração pela Universidade Federal da Bahia (UFBA), especialista em gerenciamento de tecnologia da informa-